François-A. Viallet
Einladung zum Zen

François-A. Viallet

Einladung zum Zen

Walter-Verlag
Olten und Freiburg im Breisgau

2. Auflage 1978

Alle Rechte vorbehalten
© Walter-Verlag AG, Olten 1975
Gesamtherstellung in den grafischen Betrieben des Walter-Verlags
Printed in Switzerland

ISBN 3-530-89960-7

Dieses Buch lege ich mit ehrfurchtsvoller
Dankbarkeit in die Hände meines Meisters
Kosho Uchiyama Rôshi
Abt des Klosters Antai-ji in Kyoto

Inhaltsverzeichnis

EINFÜHRUNG

Warum Einladung zum Zen?

In einer Zeit, da überaus viel Literatur über Meditation aller Art und damit auch über Zen angeboten wird, stellt sich die Frage nach der Nützlichkeit einer Einführung wie dieser. Daher sei kurz, als Rechtfertigung, die Absicht dieser Schrift dargelegt.

Innere Voraussetzung ist die heute nicht mehr bestrittene Erkenntnis der Unzulänglichkeit der überkommenen Denk- und Ausdrucksformen für den Sinn unseres Lebens. Es geht darum, uns in ganz anderer Weise als bisher im Universum «einzunisten» und unseren Standpunkt in Gesellschaft, Zeit und Raum mit dem Maßstab tieferer Wahrheit zu ergründen. Nicht etwa, um neue Denkgebäude zu konstruieren und glückverheißende Mythen zu erfinden, sondern um uns selbst im Tiefsten zu erkennen und unser Leben dementsprechend zu ändern. Einen Weg dazu bietet Zen.

Wer es bereits kennt, wird in diesem Buch neben bereits Altvertrautem neue Gesichtspunkte und Zusammenfassungen finden. Wer dem Zen hier zum ersten Male gegenübertritt, wird sich zunächst in einer ganz neuen Welt zurechtzufinden haben, etwa wie der Reisende, der das Flugzeug in einem ihm völlig fremden Lande verläßt, dessen Natur, Sprache und Menschen im zunächst unbekannt sind. Diese Schrift soll helfen, den vorgeschlagenen, den Zen-Weg zu entziffern und zu begründen. Nicht in theoretischer Art, sondern durch unmittelbare Anschauung auf Grund von Erfahrungen und Zeugnissen, vor allem aus der

Gegenwart. Wer heute zu einem solchen Buche greift, sucht ja weit weniger Information und Theorie als Hilfe in Anliegen, bei denen es letzten Endes um Sein oder Nichtsein geht.

Zum Verständnis der vorliegenden Schrift sei bemerkt, daß sie von der Richtung des Soto-Zen ausgeht, die sich, bei gleichem Ziele, von der zweiten Schule des Zen, dem Rinzai, in der Methode unterscheidet. So werden zum Beispiel im Soto im allgemeinen keine Koans (logisch unlösbare Rätselfragen) verwendet.

Die Hauptthesen der Soto-Schule sind folgende: Es genügt, sich in Versenkung niederzusetzen, ohne einen Gegenstand für die Betrachtung zu suchen. Sich in Versenkung niederzusetzen und *Erweckung* (Satori) sind nicht zwei verschiedene Dinge. Man soll nicht die *Erweckung* erwarten und anstreben. Die *Erweckung* ist nicht etwas, das man von außen her erhält.
Geist und Körper müssen Eins sein.

Ich habe nicht den Ehrgeiz, die Werbetrommel zu rühren. «Zen braucht keine Lautsprecher, es verbreitet sich durch Schweigen», sagt mein Meister Kosho Uchiyama. Es liegt mir einzig daran, das weiterzugeben, was mir gegeben wurde. Dies halte ich für meine Pflicht.

Die mir gestellte Aufgabe, im Rahmen einer kleinen Arbeit den Zen-Weg allgemein verständlich darzustellen, bestimmte die Auswahl innerhalb eines überwältigend großen Stoffes. Die Absicht dieses Buches ist es, einen Einblick in die Mannigfaltigkeit des Zen-Gebietes zu geben. Die Mehrzahl der Zeugnisse sind, im Gegensatz zu den meisten Zen-Büchern, nicht aus der Vergangenheit, sondern aus der Gegenwart genommen. Dem Leser, ob er nun mit dem Zen vertraut ist oder nicht, soll ein Einblick in die «Zen-Arbeit» gegeben werden.

Die sonst übliche «Schlußfolgerung» ist hier an den Anfang gestellt und spiegelt meine persönlichen Richtlinien wider.

Weiterhin folgen Schilderungen von äußeren und inneren Erlebnissen, briefliche und mündliche Auseinandersetzungen mit Beteiligten am Zen-Wege, die sämtlich authentisch sind.

Besondere Aufmerksamkeit wird in Kapitel VIII der Hauptfrage zugewendet: Wie übt man Zen? Was hier gezeigt wird, ist der Niederschlag persönlicher Erfahrung, bereichert von der Erfahrung anderer, die heute Zen weitergeben.

Kapitel IX bringt Zen-Texte von zumeist lebenden Schriftstellern.

Im Anhang wird durch graphische Skizzen sowie durch einige Angaben aus der Zen-Literatur versucht, dem Leser noch einige gedankliche Stützen zum Thema zu vermitteln, während die «Körperübungen vor und nach dem Zazen», die Hella Schmid-Neuhaus beschrieb, von praktischem Werte für den Übenden sein können.

Freunde und Teilnehmer an meinen Sesshins haben am Zustandekommen dieser Arbeit wesentlich mitgewirkt. Ich spreche ihnen, ohne sie alle namentlich nennen zu können, meinen Dank für die Mithilfe aus. Ebenso danke ich den Verlegern, die freundlicherweise den Abdruck von übersetzten Auszügen aus bei ihnen erschienenen Werken gestatteten, namentlich John Weatherhill, Inc., New York – Tokyo, P. Seghers sowie Hachette, beide Paris.

I. ERSTE BESINNUNG:
DIE VORAUSSETZUNG

Mein Freund rät mir zu schreiben und mein Zögern zu überwinden. Ein Zögern, das aus Ungewißheit stammt. Nicht Ungewißheit über den Weg, jedoch Zweifel daran, ob das wichtig ist, was ich heute zu sagen vermag.

Ich hatte schon einmal zu schreiben begonnen, habe aber meine Blätter zerrissen. Die Gedanken, auf Papier fixiert, schienen mir so weit von mir, ganz weitab vom Wege.

Und es kommt ja nur auf den Weg an, sagte ich mir: Weshalb soll ich also an meiner Person haften und an meiner Eitelkeit, die angesichts des Wesentlichen so unnütz ist?

Mein Freund erwidert mir darauf, daß meine Aufzeichnungen den andern helfen könnten. Vielleicht hat er recht. Es stimmt ja, sie kommen zu mir. Sie fragen mich um Rat, manche sagen tatsächlich, daß ich ihnen geholfen hätte. Ich will mich nicht entziehen, wenn ich wirklich nützen kann. Und dann würde es auch zum *Wege* gehören, von dem ich nicht abweichen kann, der mich führt, der mich ins Selbst führt.

Das große Selbst, das zunächst aus dem geringen persönlichen Ich kommt, sodann dieses Ich sprengt und vernichtet, sich dem Absoluten öffnet.

Ein schwerwiegendes Wort, für viele des Hochmuts verdächtig, das mir aber nicht mehr angst macht.

Man fragt mich: Was ist das Absolute? Gott? Der Tod? Das Unendliche? Die Einheit des Kosmos? Ist es eine subjektive, ganz persönliche Erfahrung? Das Sich-Versenken in ein «Ganz Anderes»?

Man muß diese Fragen von sich abschütteln; sie haben keinen Sinn; nur Echos kommen als Antwort: nichts als Wörter und Zeichen.

Für mich kommt es nur auf eins an: handeln. In wacher Erwartung jeden Augenblicks, ob ich nun in Versenkung bin, Zazen mache, ob ich arbeite, mich freue oder traurig bin: das immerwährende Zazen.

Eine alles umgreifende Haltung: immer auf dem Weg sein, ob ich daran denke oder nicht. Ein Verhalten, wie es manchmal aus den großen Büchern der Menschheit spricht: so etwa empfand ich es kürzlich beim Lesen der «Nachfolge Christi» des Thomas von Kempen; es war eine abgegriffene, zerschlissene italienische Erstausgabe, die mir ein Freund geschenkt hat. Ich kann dem Text und seinen Vorstellungen nicht mehr aufs Wort folgen, aber ich höre unter den Sätzen gleichsam ein unterirdisches Rauschen: lebendiges Wasser, den Quell des Lebens.

Wenn ich mich jetzt an die Schreibmaschine setze, so wird sicher nicht so Bedeutendes herauskommen wie das, was der Autor jenes Buches geschrieben hat.

Was ich hier tun will, was ich möchte, ist: durch Gedanken, durch Schweigen, durch Widersprüche, durch oftmalige Wiederholungen auf Fragen antworten wie diese:

Wo stehe ich?

Was ist für mich «Zen»?

Was kann Zen überhaupt sein?

– Sage den andern, was Zen an dir geändert hat!

Wie soll ich es sagen, ohne dabei der Eitelkeit des kleinen «Ich» zu unterliegen, das immer noch da ist? Jenem unausstehlichen Narzißmus des Intellekts, der so viele Bekenntnisse unerträglich macht?

Auch Autoren, die über Zen sprechen, unterliegen oft dieser Eitelkeit, selbst solche, die sich «Meister» nennen.

Bin ich besser geworden, glücklicher, ruhiger? Habe ich sinnlose Ansprüche und Ambitionen aufgegeben?

Manchmal höre ich Fragen, mit skeptischem Lächeln vorgebracht; die sie stellen, meinen es sogar gut.

«Wann wirst du», sagt man mir, «endlich etwas Würde zeigen, wie es sich für einen Zen-Menschen gehört? Bis jetzt sehen wir nichts davon.»

Die Fragesteller haben womöglich recht. Es ist richtig: ich esse und trinke, ich benehme mich wie jeder andere. Mit einem kleinen Unterschied vielleicht. In dieser oder jener Lage, vor einer gewissen schwierigen Aufgabe, handle ich anders, etwas anders als seinerzeit. Aber das ist kein Beweis. Das könnte von beliebigen Erfahrungen kommen, auch vom Älterwerden.

Älter werden? Leute, die mich lange nicht gesehen haben, behaupten: «Du bist jünger geworden.»

Es ist richtig, ich fühle mich jung, manchmal ganz jung. Stammt das vom Zen, oder ist es Temperamentssache? Das spielt keine Rolle.

Ich muß die Frage anders stellen: vielleicht, indem ich prüfe, wie ich zum Zen gekommen bin.

Wißbegierde, Neugier zunächst; eine Anziehung, die für mich seit meiner Jugend von Japan ausgeht. Mit vierundzwanzig Jahren begann ich etwas Japanisch zu lernen. Später, viel später kamen Reisen nach Japan dazu, als Reiseleiter. Während mich Indien zutiefst abstieß, das ich allerdings nur aus der Schau des Reisenden kennenlernte,

Blicke auf menschliches Elend vor den Portalen der Luxus-
hotels, aus Fenstern von klimatisierten Autobussen, fand
und hörte ich in Japan etwas, das meinem Suchen nahe
kam: nach etwas Bedingungslosem, Grenzenlosem, nach
einer absoluten Begegnung.

Lange Zeit glaubte ich, daß diese Begegnung von
außerhalb kommen müßte. Nach dem Kriege hatte ich
eine kleine Schrift veröffentlicht mit dem anspruchsvollen
Titel: «Die Zukunft Gottes»; es war ein Schrei, eine offene
Frage.

Von der universalen Weltschau Teilhard de Chardins
kommend, war ich auf einen Gott-Nada (Gott-Nichts),
den Gott der Mystiker gestoßen, den ich damals in meine
Weltanschauung einzubauen versuchte.

Ich wußte nicht, daß mir derselbe Gedanke, diesmal
jedoch als *Erfahrung*, begegnen würde: zwanzig Jahre später, im «Mu», im «leeren Kreis» des Zen.

Bin ich einem bestimmten, unausweichlichen Wege
gefolgt, der in mein Wesen, in mein seelisches und soziales
Geschick seit jeher eingeschrieben war?

Teilhard, der mein Manuskript auf meine Bitte hin
korrigiert hatte, sagte: «Instinktiv liebe ich nicht ihren
‹Gott-Nada›.»

Gewiß; heute verstehe ich es. Sein «Punkt Omega»
bedeutete eine größere Sicherheit, die diamantene Spitze
am Ende seiner steilen Evolutionspyramide. Omega war
greifbar, war «Substanz»: war Zuversicht zur Person, zum
Individuum, Ausdruck seiner Verklärung und Vergöttlichung.

Der Gott der Mystiker hingegen, das «Große Selbst»
des Zen, geht zunächst den Weg völliger Verarmung.

Sogar zum Verzicht auf das, was wir «Existenz» nennen.

«Mein Gott, ich muß dich lieben, auch wenn du nicht existierst»; diesen Gedanken finden wir bei spanischen Mystikern.

Dieser Stimme antwortet im Fernen Osten der Zenmeister:

– Wenn du dem Buddha begegnest, töte ihn!

Das heißt: hafte nicht an einem Wort, das eine individuelle Existenz bezeichnet, an einem Konzept, wie hoch es auch sei. Gehe darüber hinaus!

Müßte nicht seinerseits ein Christ, aus tiefster Frömmigkeit, sagen:

– Wenn du Christus begegnest, töte ihn?

Das heißt: erst wenn die Statue zu Asche verbrannt ist, wenn du dich nicht mehr an irgend jemanden klammerst, wirst du das Wesen Buddhas, das Wesen Christi finden.

Der eine wie der andere ist nicht nur eine historische Person, sondern darüber hinaus Wegweiser über die Person hinaus, zum Ganz Anderen.

«Ich bin der Weg»... Es heißt wohl weiter: «die Wahrheit und das Leben». Die Wahrheit: nicht die aller vergänglichen Erscheinungen der Welt, die des bloßen mentalen Wissens; nicht die Sinneserfahrungen und Daseinselemente (Skandhas), sondern die Wahrheit des Herzens, der großen Erkenntnis (Prajna).

«...und das Leben...» Das bedeutet mir: die tiefe Lebens-Wirklichkeit, das Hier und das Jetzt, das wir als ewigen Augenblick erfassen.

Zunächst muß ich mir die große Ur-Frage vorlegen,

den großen Zweifel: «Himmel und Erde werden verge-
hen.»

Heute glaube ich zu verstehen, weshalb ich im Zen
mündete; der Große Zweifel kam mir, angesichts einer Zertrümmerung der Welt in Unordnung und Schmerz; zunächst ein Argwohn seit meiner Kindheit, später Gewiß-
heit: Krieg, Gefangenschaft, Deportierung; nicht allein
mein eigenes Geschick; dieses wurde zum Spiegel des Un-
glücks aller Mitmenschen, aller fühlenden Wesen.

Schließlich noch, wie ein Zerreißen meiner Eingewei-
de; ein Fehlschlag, mitverschuldet durch eigene Unwissenheit, durch egoistisches Klammern an einen anderen Menschen: ein Wesen, ebenso vorübergehend und begrenzt wie
ich im großen Lebensstrom. Sein Verschwinden, besser sein
Fortgehen von meiner Seite, brannte den Hochmut, den
Stolz zu Asche. In jenem Augenblick gab mir niemand
Antwort und Hilfe, nur ein Meisterwort, das sich in mir
unablässig eingrub:

– Vergiß dich, vergiß dich selbst!

So trat Zen endgültig in mein Leben; ich mußte ihm
folgen, ohne Zweck und Absicht.

Seither «verkaufte ich alles, was ich hatte» (wie es
heißt): alle Sicherheit, meine Ambitionen. Ich machte
mich auf den Weg.

Ein Pfad ohne genaues Ziel, ein Pfad, von meinen
Irrtümern und Unvollkommenheiten gepflastert. Ein
Weg, der jeden Augenblick neu zu beginnen ist, wobei ich
nur der Unsicherheit sicher bin. Aber es ist der einzig mögliche Weg für mich.

Anders kann ich es nicht erklären.

Während der Versenkung, dem Zazen, wenn ich

mich niedersetze und beginne, meine Gedanken abzulegen wie Kleider, gebe ich mein Leben auf.

Erinnerungen, Absichten, Leidenschaften wie Liebe und Haß, alles verdorrt.

Mein Ich fällt von mir ab, meine intellektuellen Konturen schwinden langsam, es keimt das, was die Meister das große Selbst nennen; größer als meine Person, ein Ich, das wächst und alles überschreitet; zur letzten Erfahrung, das letztmögliche Erlebnis innerhalb meiner körperlichen Grenzen erstrebend. Ich habe dafür keinen Namen, denn jede Bezeichnung wäre nur unwahre Beschränkung dessen, was sich grenzenlos ausbreitet.

Es ist dies auch nicht, wie es manchmal unrichtig bezeichnet wird, das All, die Totalität aller Wesen und des Kosmos, denn dies würde noch heißen, eine Grenzlinie zu ziehen, wo keine möglich ist und sein darf.

Es ist noch mehr.

– Ist es also Gott? fragt jemand. Manche nennen es so.

Darauf wage ich keine Antwort.

Denn ich sehe, rund um mich, wie Gott begrenzt wird: Man gibt ihm menschliche Stimme, menschliche Kleider; sobald das Erleben nach Ausdrücken sucht, auf die Ebene des gedanklichen Wissens herabsteigt, spaltet es sich. Es entsteht ein Partner, ein Ich-und-Du. Das, was im Grunde nur durch das Ich, das Selbst erlebt werden kann, was endloser Weg ins Innerste unseres Innern ist, erstarrt zu einer Gegenüberstellung.

Viele werden darauf einwenden, der Mensch könne nur in dieser Gegenüberstellung und Gegensätzlichkeit das Absolute erleben: «die unendliche Größe Gottes gegenüber der Kleinheit des Geschöpfes»; dies sei das innere Schema, in dem die Religionen der westlichen Erdhälfte (Judentum, Christentum und Islam) einen Sinn, ihren letzten Sinn finden.

Ich gebe diesen historischen Aspekt zu, frage aber weiter: Ist es der einzig mögliche Weg? Wie hätten sich Theologie und Philosophie entwickelt, wenn Paulus, anstatt in die Mittelmeerländer, in den Osten, nach Indien, China, Japan gewandert wäre?

Wir Westler bilden uns noch immer ein, Mittelpunkt zu sein, *die* Wahrheit zu besitzen, den Fortschritt am weitesten vorangebracht zu haben, auch in spiritueller Hinsicht.

Wir denken, unsere Schau sei die einzig mögliche und richtige. Bis wir erstaunt erfahren, daß die Wissenschaft unserer Tage Sachverhalte entdeckt, die seit Jahrtausenden im Osten bekannt sind (wie die Nicht-Existenz der Materie im klassischen Sinne).

Kann es nicht, müßte es nicht notwendig werden, daß in diesem Zusammenhang auch Begriffe und Worte wie: Gott, das Ich, die Person, Unsterblichkeit... ganz neu durchdacht und vor allem neu durchlebt werden? Anzeichen dafür bestehen ja schon. Ist doch seit Teilhard, Bultmann, Tillich, Robinson, seit Vatikan II und anderem die statische Theologie daran, zu einer fließenden Theologie zu werden, wobei die Dialektik das statische «Sein» auflöst und das dynamische Werden aufkeimt?

Dies ist ein erster Schritt; beim zweiten setzt der Dialog mit dem Zen ein, den vom Westen her Zeitgenossen wie Lassalle, Okumura, Thomas Merton und andere begonnen haben.

Die Zenmeister sprechen von einer Schau, die sie «jenseits von Tod und Leben nennen». Es sind dies Begriffe, die leer bleiben für den, der nie ernstlich dem Zen nahetrat. Hier, wie so oft, müssen wir dessen gewärtig sein, daß es sich um psychische Realität handelt, nicht um ein logisch meßbares Faktum.

Dies gilt zum Beispiel für eine der zentralen Aussagen des Zen, daß nämlich «das Selbst und das All *eines* sind» (Kosho Uchiyama).

Dazu sagt die Stimme eines Christen:

«Dieses Selbst», das «Ich» oder besser das «absolute Selbst» könnte wohl wie der fast persönliche Gott angesehen werden» (P. Okumura).

«Das Selbst ist das All.»

Ein Angelus Silesius sprach dies dichterisch aus:

Ich bin so groß als Gott,
er ist als ich so klein.
Er kann nicht über mich,
ich unter ihm nicht sein.

Und weiterhin:

Ich selbst bin Ewigkeit,
wenn ich die Zeit verlasse.
Und mich in Gott und Gott
in mich zusammenfasse.

(Aus dem Cherubinischen Wandersmann)

Lassen wir jedoch Worte beiseite; sie sind nützlich, aber es sind Krücken, um uns dem Neuen zu nähern, dem Ganz Anderen, das auf uns zukommt. Hier will ich zunächst in der Bezeugung des Erlebten, der unmittelbaren Erfahrung bleiben.

Diese strömt auf mich ein, sobald ich aus dem Zazen, das heißt der Versenkung, zu meinem Tagesablauf zurückkehre. Nichts änderte sich anscheinend hier: «Die Bäume werden wieder Bäume», heißt ein Zen-Wort; meine Sorgen sind wieder da, meine Freuden ebenfalls: Arbeit, Geld, menschliche Bindung, Liebe, Enttäuschung, Lachen und Weinen.

Ich schalte das Radio an und fühle wie einen Stich im Innern, wenn ich höre, daß das Morden in den unvereinten Nationen weitergegangen ist. Ich kann nichts dagegen tun, in diesem Augenblick, aber in mir leben nun neue Gedanken, die mich zu Worten und Werken führen werden.

Gewiß, ich will mich immer noch gegen diejenigen verteidigen, die versuchen, mein Leben zu schmälern; ich wehre mich, aber es muß ohne Haß sein, ohne daß ich mein Gleichgewicht verliere. Irgendwo in mir, nein, in meinem ganzen Körper muß Mitgefühl für alle anderen da sein, ohne aufzuhören, auch für meine Feinde.

Ich bin ganz da, aber gleichzeitig bin ich nicht «ich», gehe ich nicht völlig auf im Leben, bin ich nicht ganz abhängig von physischen und seelischen Affekten. Ein Abstand ist vorhanden und gleichzeitig, im Widerspruch dazu, eine Verschmelzung zwischen der Welt und mir.

Eine Krankheit kann mich angreifen, mich oder jemanden, der mir nahesteht. Die Vorläufer des Alters beginnen an mir zu nagen.

Mein Sterben ist eine Wirklichkeit; es kann mich jeden Augenblick treffen, auch wenn ich mich «mitten im Leben» meine. Der Tod wagt aber nicht mehr, «mitten in uns» zu weinen (Rilke).

Ja, ich stehe mitten im Leben, in einem kostbaren Augenblick, der einzig ist; fernab von einer theoretischen «Zeit», die jeden Moment abblättert und die alle Blumen zum Welken bringt.

Diese schöne Rose gehört mir; diese Rose bin ich...

Aufbrechende Freude, unsägliche Dankbarkeit.

– Was hat Zen an Ihrem Leben verändert?

Es hat nichts verändert.

Es hat alles verändert.

– Ist es nicht Einbildung, eine selbsttäuschende Erfahrung, eine Droge von kurzer Wirksamkeit? Ausflucht, Ventil, Traumland, wie es von vielen Illusions-Verkäufern angeboten wird?

Anästhesie, Versetzen in einen Rausch von Freude, von Frieden, von Erregung?

Ich höre die Herausforderung, ich denke sie durch, frage mich aber, wenn ich um mich blicke, wie lange die Illusionen dauern, die meist angeboten werden. Zen überdauert sie, das ist eine Erfahrung. Und weiter: ändern all jene materiellen oder geistigen Drogen den Menschen? Sein Verhalten, sein Inneres? Zen aber verändert, das habe ich erfahren.

Wieweit halten sie ihre Versprechen? Widerstehen sie den großen Schmerzen des Lebens und Sterbens?

Zen verspricht nichts, es verlangt jedoch alles; es stellt mich mir gegenüber, stellt mich vor mein wahres Ich, mein Selbst.

Es macht mich erwachsen; es verwurzelt mich. Zen leugnet keineswegs das Bewußtsein meiner Nichtigkeit. Gleichzeitig aber gibt es mir Wissen um unbegrenzte Kraft, es gibt mir «die Freude, die bleibt».

Ich habe keine Angst mehr, verlassen zu werden, allein zu sein.

Ich muß an den Refrain des amerikanischen Spirituals denken:

"He's got the whole world in his hands",
und sage übertragend: Zen hält die ganze Welt in seinen Händen. Und ich bin der Träger dieser Welt, nicht allein als kleines Teilchen, als «Masche des Kosmos» (Teilhard), sondern ganz; gleichzeitig mit allen Wesen.

Das heißt nicht, daß der *Weg* Ruhe bedeutet, im Gegenteil: er ist hart und steil. Als ich zum Zen kam, erschien es als ferner, hoher, leuchtender Berg wie der schneebedeckte Fuji. Heute, an seinem Fuße angelangt, sehe ich mich vor steilen Felswänden. Ich bin noch sehr weit vom Gipfel, ich habe erst einen Schritt auf dem Wege getan. Dies möchte ich allen denen sagen, die meinen, der Zen-Weg sei ein «blumenbestreuter Friedenspfad». Denn der Weg aus dem Leiden ist lang und hart. Wir haben nicht einen Augenblick zu verlieren. Jede Stunde kann meine letzte sein. Zen, sein tiefster Grund, das Wissen um die Nichtigkeit, das «MU» (das Nichts), muß in mir sein, jetzt, während ich schreibe, wenn ich esse, wenn ich mich zum Schlafen lege. «Es wird euch bis in den Sarg begleiten», sagt mir ein Meister.

Ein anderer beharrt: Wir müssen so ganz im Zen sein, daß wir es als solches vergessen, aber unwillkürlich danach leben.

Wie es Sokrates erging, als seine innere Stimme, der «Daimon», wie er sie nannte, ihm ständig zuraunte: Sokrates, mach Musik!, so mahnt mich Zen in jedem Augenblick, weiter, weiterzugehen, weiter zu an mir zu arbeiten, den Spiegel blank von Staub zu machen, so lange, bis ich erfahre, daß es keinen Spiegel und keinen Staub gibt.

Zen kam spät in mein Leben; es ist die große Begegnung, ich muß sie bis aufs letzte ausnützen.

– Ist denn Zen alles? Gibt es sonst keinen Weg?

Darauf kann ich nur sagen, was *mir* widerfährt. Wenn man eine Frau liebt, so fragt man nicht, ob es schönere und bessere Frauen auf der Welt gibt. Ich kenne keinen besseren Weg. Wenn Sie einen kennen, dann folgen Sie ihm.

Ich weiß ebenfalls, daß ich niemals die ganze Wahrheit erfahren kann. Altmeister Dogen wußte es schon vor siebenhundert Jahren, als er sagte:

– Wer in *einer* Weise erweckt (oder «erleuchtet») ist, ist es *nicht* in einer anderen Weise.

Im Zengarten der fünfzehn Steine in Kyoto sind immer nur einige sichtbar, im besten Falle vierzehn, von welcher Seite man auch hinsieht. Heidegger drückte es so aus: Die Wahrheit ist von einer Verweigerung durchwaltet.

Gewiß gibt es Normen für den Weg, Worte, Verse, Mahnungen.

In allen Zen-Gemeinschaften der Erde werden solche seit Jahrtausenden wiederholt, Stunde für Stunde.

Dazu gehören Versprechungen, Gelübde. Ich will sie Vorsätze, Absichten nennen: Versprechen, die ich mir selber mache. Als Mensch des Westens interpretiere ich sie in der mir gemäßen Weise. (Die Zenmeister Japans unserer Tage verlangen ja nicht, blindlings Riten, Worte, Klei-

24

dung und Vorstellungen des Fernen Ostens nachzuahmen und sagen: Macht euer eigenes Zen [Hirata Roshi].)

Gleichsam in einer kostbaren Schale, wie der heilige Gral bringen sie uns das Wesentliche von dem, was seit den Tagen des Shakyamuni, des historischen Buddha, von Land zu Land, von Indien nach China, von China nach Japan getragen wurde. Das Gefäß selbst wandelte sich im Laufe dieser Transmission: von Herz zu Herz, von Volk zu Volk, je nach der Art des Denkens, des Fühlens, der Lebensgewohnheiten, aber sein Inhalt, eine unsichtbare Flamme, unterirdischer Strom der Seele, dauerte fort.

Hier ist das erste und bedeutendste der sogenannten vier Gelübde, das die drei anderen bereits enthält, da diese nur Anweisungen im einzelnen sind, wie der Mensch zur Erfüllung des ersten gelangen kann:

Wie zahlreich auch die Wesen seien,
ich gelobe, sie alle zu retten.

Verwegenes Gelübde, tollkühnes Verlangen, das Menschen nicht vollbringen können.

Wer es ausspricht, nimmt eine erdrückende Aufgabe auf sich. Ich nehme damit die Verantwortung für alle meine Taten und für die der anderen auf mich.

Was bedeutet das Wort «retten»?

Dies setzt eine Welt des Übels, des Sündenfalles, des Verlustes voraus. Unaufhörlicher Verlust, endlose Wirrnis, entsetzliches Gemetzel in Natur und Menschheit. Karma: Kette von Ursache und Wirkung. Der schwarze Fluß des Todes, die Welt des Nicht-Geretteten, des Unerlösten: alle erdenklichen Höllen... In christlicher Sprache: «die Erbsünde und ihre Folgen». Buddhistisch gesehen: der unausweichliche Stand des Leidens in der Welt: physischen, moralischen, gedanklichen Leidens... Schmerzhafte Unzulänglichkeit.

Dies ist die Welt, in der ich lebe, zusammen mit den andern. Ich nehme mir vor, sie zu retten. Wie jedoch?

Indem ich alle aus dem Abgrunde des Übels zum Zustand «jenseits von Leben und Tod» bringe. Der Westen würde sagen: zum ewigen Leben.

Befreiung aus dem Leiden, Befreiung des vergänglichen kleinen «Ich», was die Weisheit «Aufnahme ins Nirwana» nennt.

Ich darf nicht vergessen, daß dieses Gelübde gewöhnlich nach der Rezitation des «Hoheliedes des Herzens von der Vollkommenen Weisheit» gesprochen wird, das mit den Worten eines uralten Spruches in der Palisprache endet:

«O die Menschen, die gehen,

o die Menschen, die gehen, o die Menschen, die, gemeinsam zum Nirwana gehen! Alleluja!»

Das heißt: zum Erlöschen des Hier, zum Ganz Andern.

Zum «Reinen Land», oder wie immer der Name sei, den man verwendet, um, sicher unzulänglich, das auszudrücken, was in der Stunde meines Todes geschehen soll. Oder bereits vorher. Selbst in diesem, im jetzigen Augenblicke, in dem ich noch von der Frucht der Erde esse. In schweigender Erwartung.

Das Hannya Shingyô – eben genannte – «Hohelied», ein Sang von erschütternder Kraft, deutet mir so, mit feurigem Finger, in seinen letzten Worten die höchste Hoffnung an.

Weg und Verpflichtung, Aufgabe, die sich tausend-
fältig, wie ein Orkan von Atomen um ein Zentrum, hier
um das Gelübde sammelt, das ich ausspreche. Es kommt
nicht von außen her. Es ist etwas, das ich, ganz natürlich, in
mir, von mir her ins Leben trage, auch wenn ich aus der
Versenkung im Zazen, aus der Zenhalle, auf die Straße
trete.

Um die andern zu retten, muß ich mich erst selber
retten, selbst gerettet sein: jeden Gedanken, jeden Willens-
akt, Freude und Unfreude in mir selber ordnen. Mich so
weit verlieren, daß ich alles, was ich tue und denke, gleichsam «unbewußt» vollziehe.

Harte, hartnäckige lange Arbeit an der Loslösung.

Die andern in den lichten Urgrund des großen
«Selbst» aufnehmen: meine Freunde, die andern, die mir
Übles tun, die mir zu schaffen machen; weiterhin auch die
anderen Formen des Lebens: die minderen Brüder, die Tiere, selbst die Pflanzen... «bis zum letzten Grashalm».

An sich eine absurde, undenkbare Idee, das Universum, die Universa... von Lichtjahren zu Lichtjahren zu
umarmen, «sie alle zu retten».

Ich selbst werde ja kaum imstande sein, mehr als eine
ganz geringe Ladung von Liebesenergie zu erzeugen. Ich
kann nicht direkt auf den Weltlauf Einfluß nehmen, Kriege aufhalten, die Unwissenheit eindämmen, aus der das
Übel stammt.

Ich muß es aber auf mich, in mich nehmen, als uner-
füllbare Aufgabe.

Dies ist für mich der Aufgang zum Zen.

II. «DIE BRÜDER VOM GEMEINSAMEN LEBEN»

(Erfahrung eines Klosterlebens in Japan, 1972.)

Antai-ji (gesprochen Antaidschi), im Nordosten von Kyoto, etwa eine Stunde Fahrzeit mit Bus und Tram vom Stadtzentrum aus. Der Name eines Soto-Zen-Klosters, das als das strengste dieser Art im Lande gilt. Der Abt, Uchiyama Roshi, hat mich brieflich gewarnt: Nehmen Sie lieber, wie es viele tun, ein Zimmer in der Nähe, und kommen Sie zu unseren Versenkungsübungen, wann Sie wollen. Wenn Sie im Kloster leben, so müssen Sie die ganze Tagesordnung mitmachen, was für Leute, die wie Sie und ich nicht mehr ganz jung sind, zu beschwerlich ist.

Ich bin trotzdem gekommen, wandere mit meinem Bündel durch den dichtbestandenen Park mit Bambus und Pinien zum Eingang des langgestreckten, leichtgezimmerten Gebäudes in Grau und Braun, das sich seit zwei Jahren nicht verändert hat, seit ich es das letztemal sah; nur der Zugang ist inzwischen mit Steinpflaster, äußerst sauber gekehrt, ausgelegt worden. Einen Augenblick halte ich an, um meine Erschütterung zu bemeistern; ist dies doch für mich eine Art Rückkehr zum «verlorenen Horizont», die Erfüllung eines tiefen Bedürfnisses. Ich melde mich an, ziehe die Schuhe aus, ehe ich die hölzerne Balustrade betrete, die ins Innere des Hauses führt. Mit jugendlichen Schritten und Lächeln kommt mir der Abt, ein schlanker Sechziger mit hochgewölbtem, ovalem Kopf, bis zum Eingang entgegen: «Herzlich willkommen.»

Wir wandern zu seiner Zelle, sie ist ebenso einfach und schmucklos, mit Matten belegt, wie das ganze Kloster. Der Roshi bereitet selbst den grünen Tee: «Ihr Japanisch ist viel besser als das letztemal», sagt er aufmunternd. Er versteht zwar viel Englisch, jedoch ist es mehr als nützlich, sich einigermaßen, sei es auch nur «sprunghaft», in Stichworten und kurzen Sätzen, in seiner Sprache auszudrücken. Die Sprachbarriere ist, ich merke es immer wieder, hier und in anderen Klöstern, noch heute eines der größten Hindernisse, die die innere Welt des Ostens von unserer trennen. Man beginnt dies in Japan zu erfassen; ich erfahre später, daß das Kloster jungen Mönchen Sprachstunden in Englisch und Französisch bezahlt; ich selbst werde gebeten, während meines Aufenthaltes einem Mitbruder etwas Französisch beizubringen. In anderen Zenklöstern geht man auch den umgekehrten Weg: Junge Leute aus dem Westen werden ausgebildet; sie sollen später in ihrer Sprache, in ihren Heimatländern die «gute Botschaft» verbreiten: Ich sah im Zenkloster in Kobe einen bekannten italienischen Ski-Champion, amerikanische Lehrer, Schweizer, Deutsche, Franzosen im Gänsemarsch während der «Kinhin» genannten Meditationsunterbrechung aufmarschieren. Der Osten streckt heute die Arme dem Westen entgegen. Wie ich später erfahre, gibt es hier, in Antai-ji, eine kleine Westler-Kolonie: Kanadier, Australier, Amerikaner, junge Mädchen darunter, haben sich im Orte angesiedelt und nehmen am Klosterleben nach Kräften teil. Zwei davon haben die englische Übersetzung des jüngsten Buches von Uchiyama Roshi fertiggestellt.

Vor meiner Abreise wird mir der Abt ein kostbares Manuskript davon anvertrauen, mit dessen Übersetzung und Verbreitung im deutschen und französischen Sprachbereich ich betraut werde.

Zwischen zwei Tassen Tee erhebt sich der für Japan so typische Dialog des Schweigens, die stumme Freude beiderseitiger Gegenwart, unterbrochen von wenigen Sätzen, Fragen und Antworten:

– Natürlich können Sie hierbleiben, solange Sie wollen.

– Und die Tagesordnung?

– Neun Stunden «Versenkung», das heißt Zazen, ab fünf Uhr morgens, mit Unterbrechungen natürlich, für Mahlzeiten, Ruhe und Arbeit im Garten und im Hause. Sie brauchen aber an der Arbeit («Samu») nicht teilzunehmen.

– Der Roshi möge wissen, daß ich keine Ausnahme will und daß ich darum bitte, als einer seiner Schüler behandelt zu werden.

– Unser «Seminar», die monatliche strenge Sesshinwoche, umfaßt jedoch 14 Stunden Zazen, dafür keine Arbeit und auch nicht das heiße Bad am Abend: nur Konzentration und Schweigen, ohne Gruß, ohne Anrede, höchstens eine sparsame, notwendige Geste. Den sonst üblichen Schlag mit dem Warnungsstab verwenden wir nur ganz ausnahmsweise; ich denke, daß er stört, daß er die Aufmerksamkeit vom «Selbst» ablenkt, dem großen Selbst, an dem wir bauen müssen und das den Tod unseres kleinen «Ich» bedeutet.

– Der Roshi kontrolliert jedoch die Haltung der Teilnehmer?

– Während des Sesshin sitze ich gleich den anderen mit dem Gesicht zur Wand; keine Kontrolle. Jeder ist ganz auf sich selber gestellt.

– Besteht dabei nicht die Gefahr einzuschlafen? Oder daß

man, anstatt seinen Geist zu entleeren, persönlichen Gedanken nachhängt?

Ein erfahrenes Lächeln um den Mund des Meisters:

– Glauben Sie mir, es ist einfach unmöglich, viele Stunden
lang nur zu denken. Der Film der Gedanken erschöpft sich,
und das ES tritt ein; ebenso ist es einfach undenkbar, daß
jemand stundenlang im Lotussitz schläft.

Der Roshi zündet sich eine Zigarette an, er raucht
von Zeit zu Zeit, ich habe ihm ein paar Päckchen vom Flugzeug her mitgebracht. Auch der O-Sake, der Reiswein, ist
im Kloster nicht verpönt; gelegentlich wird ein fröhliches
Gelage gehalten.

Hier wie in allen Zenklöstern wird viel gelacht. Nach
dem Essen setzt sich der Meister mit den Mönchen – sie
sind alle zwischen 20 und 30 Jahre alt – zusammen; Zeitun-
gen werden gelesen und kommentiert, alle Neuigkeiten
besprochen. Radio und Fernsehen fehlen. Im Antai-ji-Klo-
ster gibt es auch kein Telefon. Bebilderte Zeitschriften machen die Runde. Jedes Gespräch, jede Bemerkung über
Ereignisse, über Bücher, über Frauen scheint in einer tiefen
Fröhlichkeit verwurzelt, in einer inneren Freiheit, die auch
gutmütigen Spott zuläßt. Beim gemeinsamen Bade am
Abend im O-Furo, dem für den Europäer fast unerträglich
heißen Wasser – in selbstverständlicher Nacktheit –, machen sich die Mönche über mich lustig: Ich bin für japanische Begriffe «sehr fett».

Wie kommen aber diese Menschen, fragt immer wieder der komplexbeladene Westler, mit dem Sex zurecht?
Die Beobachter sind sich darüber einig, und auch ich kann
nichts anderes sagen als dies: Die Enthaltsamkeit erscheint
hier nicht als eine durch Verbote und Gelübde mühsam

aufrechterhaltene Entsagung, als eine schwer tragbare Last, sondern als eine freiwillig angenommene Selbstverständlichkeit.

Nebenbei gesagt: Es ist seit der Meiji-Zeit, also seit der des vorigen Jahrhunderts, den Mönchen erlaubt zu heiraten, allerdings nicht den im Kloster lebenden. Viele heiraten später, wenn sie das Kloster verlassen haben, denn Klosterleben ist hier nicht Bindung auf Lebenszeit. Im Kloster, namentlich hier, in Antai-ji, schaffen übrigens die vielstündige Versenkung, die körperliche Arbeit und die dürftige Kost die natürlichen Bedingungen zu einer Entspannung, welche die Kontrolle des Körpers wesentlich erleichtert. Trotzdem kommt es auch in Japan zu Liebesdramen – wenn auch sehr selten.

Die Ungezwungenheit und Freizügigkeit, mit der sich hier in Antai-ji der Tageslauf der Brüder vom gemeinsamen Leben, wie man sie zu nennen versucht ist, abspielt, ist nur möglich durch eine jeden Augenblick ausfüllende absolute Selbstdisziplin. Niemand kontrolliert den Besenmann, ob er auch den letzten Staub im Gange aufgewischt hat, niemand drängt die Mönche in der Küche zu einer auf die Minute pünktliche Fertigstellung von Reissuppe und gesäuertem Gemüse, und doch geschieht hier alles mit der Präzision eines Ameisenstaates.

Denn dies ist auch typisch für das Zen: das Ausfüllen eines jeden Augenblicks, einer jeden Tätigkeit mit einem restlosen Bewußtsein der Bedeutung dessen, was man tut. Nichts ist unwichtig, alles geschieht nach nicht kodifizierten, jedoch unbedingt gültigen Regeln, denen sich niemand entziehen kann. An einem der ersten Morgen meines Aufenthaltes erhebe ich mich etwas vor dem dünnen Glokkenruf, der um 5 Uhr die Gänge durchläuft, und rolle meine Matratze zusammen, die tagsüber im Wandschrank verstaut wird, da ich befürchte, nicht rechtzeitig fertig zu werden. Nach flüchtiger «Katzenwäsche» eile ich in den Dojo, den Meditationsraum. Alsbald teilt mir ein Mitbruder mit, daß es nicht angehe, vor den anderen aufzustehen; ähnliche Mahnungen hole ich mir öfters, wenn ich unwissentlich gegen eine Gepflogenheit verstoße, so gering sie auch sei.

Beginn und Ende des Mahls – es gibt Reis und Gemüsesuppe – wird durch Zusammenschlagen von Holzklötzchen geregelt. Das erste Frühstück nehmen wir um 8 Uhr, nach der ersten dreistündigen «Versenkung», ein; der Meister erscheint dazu, er ißt meist mit uns und wird mit schallendem «OHAIO GOZAIMASU» (Guten Morgen) begrüßt. Schweigen während des Essens ist keine Pflicht, es wird jedoch wenig oder fast nichts gesprochen, da jeder noch ganz mit sich selbst beschäftigt und von seinem «Zazen» erfüllt ist.

Unsere drei kleinen Schalen für Reis, Suppe und Gemüse werden zusammen mit dem Eßstäbchen und zwei winzigen Servietten in bestimmter Weise zu einem Bündel zusammengeschnürt, nachdem wir sie abgewaschen haben. Es wird in Hast gegessen und geschlürft. Warum wohl? Vielleicht ein atavistischer Rest aus früheren Jahrhunderten, als man in den Klöstern ständig auf dem Quivive lebte. «Schnell, schnell, was man im Bauch hat, kann einem niemand mehr wegnehmen, und wer weiß, wann man wieder zum Essen kommt?» Oder aber man denkt: Die Zeit ist zu kostbar zum Essen! Wir sitzen aufrecht, kniend, die Schalen jeweils in der Hand, weil der Tisch niedrig ist, sozusagen in Alarmstellung. Auch die Schlafstellung des Mönches ist geregelt, sie ist der des Löwen gleich, sagt man: seitlich liegend, die rechte Hand unter dem Kopf, die linke leicht auf dem Schenkel ruhend, bereit, jederzeit aufzuwachen.

Das Essen in diesem Kloster ist frugal, wie zur Zeit des Buddha. Nicht, als ob Fisch oder Fleisch verboten wäre. Gelegentlich bekommen wir etwas davon serviert; manchmal lassen Besucher Lebensmittel hier, in großen Schachteln appetitlich angerichtet; der Abt stellt sie uns zur Verfügung. Oder es heißt nach der Abendmeditation: Es gibt noch Erdbeeren oder Kuchen, der Roshi schenkt sie uns. Man kann in die Küche gehen und sich bedienen – wenn etwas da ist. Meist findet sich sogar Nescafé. Unser Abt ißt am gleichen Tische wie wir, das gleiche einfache Essen. Wir nennen ihn «Dotscho-san», was «Chef» bedeutet, jedoch einen affektiven Klang hat wie «lieber Papa». Großer Respekt und liebevolles Vertrauen kennzeichnen das Verhältnis der Mönche zum Meister; es ist eine naive Weise, ihn zu ehren, wenn er gelegentlich in einer Glasschüssel seinen Reis vorgesetzt erhält und wenn sein Eßgeschirr von einem anderen gewaschen wird. Das Kloster Antai-ji ist arm; erst kürzlich wurden die abgescheuerten Bodenmatten ersetzt und der Zenraum etwas renoviert sowie im Garten moderne Toiletten gebaut. So stelle ich mir ein Franziskanerkloster vor zur Zeit des Poverello von Assisi. Und doch fehlt eigentlich nichts; in einem Kunterbunt ist alles vorhanden: Waschmaschine, elektrisches Bügeleisen, Magnetophone, alle Gartengeräte, alle Werkzeuge zur Nutzung und Pflege der Bäume des großen Parkes. In den Zellen stapeln sich Bibliotheken von – meist japanischen – Büchern; in ihrer freien Zeit lesen und studieren die Mönche; etliche haben berufliche Vorkenntnisse mitgebracht, die sie hier ausnützen können: ein Brunnen wird mit einer Pumpe ausgerüstet, und fast alle Bauarbeiten werden von den Insassen fachgemäß ausgeführt. Der Montag ist frei, kein Zazen, kein Samu. Dies ist ein Brauch in den Zenklöstern. Es steht jedem frei, in die kleine Stadt zu gehen oder seine Familie zu besuchen, falls sie in der Nähe wohnt. Dank der Spenden und der monatlichen Almosengänge kann sich das Kloster selbst erhalten. Nach den Spesen gefragt, meint einer der ständigen Gastbesucher der Zazen-Sitzungen, der Unterhalt eines Mönches dürfte sich monatlich im gegenwärtigen teuren Japan auf nicht mehr als 1800 Yen, etwa 7 Dollar, belaufen. Ein japanisches Sprichwort sagt: Sauber wie ein Zenkloster. Dieser Ausdruck scheint nicht übertrieben.

Unser Kloster besitzt keinen großen Tempelraum, nur besagte Zenhalle, auch Dojo genannt. Sie ist mit Matten belegt und harten runden Polstern als Sitz für jeden Übenden ausgestattet. In der Mitte auf einem kleinen Tisch eine kleine Buddhafigur mit ein paar frischen Blumen und Weihrauchstäbchen. Was fehlt, sind die langen hochgestellten Holzpritschen, auf denen in anderen Zenhallen die Mönche hocken. Eine billige elektrische Lampe hängt mitten im Raum an einem Draht. Der Inhalt einiger Wandschreine erinnert an frühere Zeiten mit feierlicher Liturgie: Statuen, Gedenktafeln, alte Fotos. Auch findet man im Hause hie und da Symbole Indiens und Hinweise auf den buddhistischen Legendendschungel. Heute ist hier alles auf die einfachste Formel, auf das Wesentliche zurückgeführt. Es gibt keine Zeremonien, nicht einmal die üblichen Sutras und sonstigen liturgischen Texte werden zu Beginn und am Ende des Zazen rezitiert.

Die Verbeugungen mit gefalteten Händen, das Gass-hô, dies ist alles, was übrigblieb.

Welch ein Unterschied zwischen Antai-ji und anderen Zentempeln, vor allem Eihei-ji, dem «Vatikan» des Soto, im Nordwesten Japans. Eihei-ji ist eine ganze Tempelstadt. Dort lebte und starb der Gründer des Soto, Meister Dogen vor 700 Jahren. Äußerst wenig Zazen-Meditation, kaum ein paar Stunden am Tag, dafür stundenlange Rezitation von Psalmen, begleitet von dumpfen Paukenschlägen; ein paar hundert Gestalten in schwarzen Mönchskimonos, die mit tiefer Stimme gemeinsam die heiligen Texte deklamieren; dazu ein bis aufs letzte Detail raffiniert ausgearbeitetes Zeremoniell mit Zelebranten und Akolythen, rhythmische Prozessionen und Bewegungen an Ort und Stelle; das Aufrollen der heiligen Bücher, die, eines nach dem anderen, wie Ziehharmonikas im Takte von Dutzenden von Mönchen entfaltet und sofort wieder weggelegt werden; ein farbenprächtiges Schauspiel, eine religiöse Revue.

Eihei-ji ist zum nationalen Ausflugsort geworden; Hunderte von uniformierten Schulkindern kommen, Autobusse voll Arbeiter und Touristen. Alles hat sich hier dem New Look angepaßt. Noch vor einem Jahr wurden die Gäste schlecht untergebracht, übel behandelt, man ließ sie stundenlang warten, ohne sich um sie zu kümmern. Das war die traditionelle Abweisung von Neugierigen. Heute ist es anders. Der Menschenstrom wird sofort kanalisiert. Eine Art internationales Luxushotel ist vorhanden. Eine moderne gekachelte japanische Badeanlage steht zur Verfügung, Gelegenheit zum Waschen und Bügeln ist vorhanden. Sogar die Zenhalle ist mit Klimaanlage ausgestattet. Der Pilger kommt auf seine Kosten. Sie belaufen sich auf

2000 Yen pro Tag. «Pray in comfort» – Betet mit Komfort. – Das las ich an einer Kirche in Chicago.

Das «arme» Antai-ji will und kann dem nicht Konkurrenz machen... Hier zittert man morgens vor Kälte, hier läuft einem der Schweiß in Bächen vom Körper, je nach der Jahreszeit.

Unser Kloster ist noch geprägt von dem erst vor einigen Jahren (1965) verstorbenen großen Kodo Sawaki, einem Wandermönch, der im Alter hier einkehrte und starb. Er lebt im Gedächtnis seiner Mönche weiter, hat aber kein Grab, da er seinen Körper einem Medizinischen Institut vermacht hat. Ein paar ergreifende Fotos erinnern an ihn: wuchtiges durchgeistigtes Gesicht, aus dem tiefste Konzentration, Energie und Güte strahlen; starke Hände, die in der üblichen Haltung eines doppelten Ovals aus den Kleiderfalten des Meditierenden hervorragen. In ganz Japan, und nicht nur in Zenkreisen, spricht man noch heute mit Ehrfurcht von ihm. Er war der Meister unseres Uchiyama Roshi. Dieser gilt im Zen als einer der kühnsten Pioniere der Gegenwart. Ungewöhnlich stark mit westlichem Gedankengute vertraut, er kann, wie viele Japaner, Deutsch lesen, wenn auch nicht sprechen. Der Roshi kennt das Christentum aus der Nähe; er hat an einem protestantischen Institut unterrichtet, zeitweilig glaubte man, er werde Christ werden. Wie jeder Neuerer, wurde und wird Uchiyama von Konservativen stark angegriffen.

Daß er z. B. – wie gesagt – seine Schüler fast nie mit dem Warnstab schlägt und auch ihre Haltung nicht kontrolliert, nimmt man ihm übel. Zu Unrecht, denn von Disziplinlosigkeit ist keine Spur. Selten sieht man einen solch eindrucksvollen, feierlichen, fast unbewegten Wandelgang von Mönchen wie beim Kin-Hin der Brüder von Antai-ji. Freilich stehen sie zutiefst «im Zen», das sie seit Jahren Tag für Tag in sich verarbeiten. Daher auch ihr statuenhaftes Sitzen während der Versenkung. Für neu Hinzukommende ist es gewiß schwer, sich in diesen Rhythmus einzufügen. Die ungewöhnliche Autorität von Uchiyama Roshi zeigt sich auch daran, daß er unter seinen Mönchen auch solche hat, die rangmäßig *über* ihm stehen, wenn man sich auf die hierarchischen Stufen und Prüfungen bezieht. Im Soto-Zen besteht jedoch eine sehr lockere Bindung der einzelnen Mitglieder und keine so starre Hierarchie wie im Rinzai, der Schwesterbewegung. Wohl wird auch im Soto die Über-mittlung des Dharmas, der «Weihe» sehr ernst genommen.

Andererseits aber wird immer wieder die Relativität alles Geschriebenen und aller statischen Bindungen be-tont: «Wenn du deinem Meister begegnest, töte ihn», heißt es ja. Daher versteht man auch, daß in einer radikal auf das Innere, Unzeremonielle gerichteten Gemeinschaft wie Antai-ji wenig Wert auf formalistische Rangfolge ge-legt wird.

Was aber ist, dies ist die Frage, die sich aufdrängt, hier so entscheidend anders, daß es alle Neuerungen rechtfer-tigt? Dies zu erklären, hat Uchiyama Roshi in seinem Bu-che: «Zen-Weg zum Selbst» (Weilheim 1973) versucht.

Uchiyamas Methode, «das Selbst auf das Selbst zu stellen», wie er sich ausdrückt, sieht zunächst sehr einfach aus. Jeder ist gewissermaßen sein eigener Meister. Sobald ich mich bei den drei Glockenschlägen nach einer Verbeu-gung dem universellen Dank und der Verbindung mit dem Universum im Lotussitze auf dem Polster niederlasse, bin ich allein mit mir. Kein Buddha ist hier, um mich zu halten, kein Christus, kein Gott. Gedanken strömen auf mich ein, unaufhaltsam wie ein Film. Es ist, als wollte sich das Unbewußte gegen die Leere wehren, auf die ich zustreben soll. Meine Kindheit kommt wieder, Dinge, an die ich Jahrzehnte lang nicht mehr gedacht habe, unbedeutende, langvergessene Details, die in Großaufnahme vor mir stehen, bis sie von anderen weggeschwemmt werden. War es nicht ähnlich während meiner Gefangenschaft zur Kriegszeit, als ich in Einzelhaft saß, ohne Lektüre, ohne Schreibzeug, ohne Arbeit? Mit dem Unterschiede freilich, daß ich mich heute aus freien Stücken in Gefangenschaft begeben habe, um die Selbstbefreiung zu üben. Ich könnte auch sagen: Ich habe mich in meine Todesstunde begeben. Ein Ziel schwebt mir vor, von dem ich jedoch noch unendlich fern bin.

Dazu kommt, daß ich den Zeitunterschied zwischen Europa und Japan noch nicht überwunden habe; ich bin also körperlich um acht Stunden zurück. Unüberwindbares Schlafbedürfnis überfällt mich; ich ertappe mich ein paarmal dabei, daß ich halb zusammengesunken dasitze... Die Knie sind auch noch nicht an vielstündige Zazen-Sitzungen gewöhnt; sie schmerzen, die Knöchel noch mehr, ich muß die Stellung wechseln und vermag kaum im halben Lotus zu sitzen. Dies genügt zwar, aber wenn es nicht korrekt gemacht wird, wenn ich nicht die Wirbelsäule gerade halte, hat das ganze Zazen keinen Sinn.

So geht es den ganzen Tag; nie werde ich zur Loslösung, zur Leere kommen. Wäre es nicht besser, mein Meister würde mich mit dem Kyosaku auf die Schulter schlagen, um mich aufzurütteln? Selbst diese Hilfe ist mir versagt; niemand hilft mir.

«Das Selbst auf das Selbst setzen?»

Ist das nicht leeres Wortgewäsch? Ein besonderer Bluff, der Zen-Bluff? Noch einen Tag gebe ich mir; geht es nicht weiter, dann hat meine Reise nach Japan ihren Zweck verfehlt mit allen Opfern, die ich mir dafür auferlegt habe.

Am Nachmittag arbeite ich im Garten; Büschel von Unkraut jäte ich mit einem Messer aus, stundenlang, ein übles Gefühl im Magen. Der Küchenmeister, der mir die Arbeit gab, sieht mir nachsichtig zu, und als ich nicht mehr weiterkann, holt man mich höflich zum Schleppen schwerer Holzscheite eines gefällten Baumes.

Wieder eine bittere Welle aus der Vergangenheit; eine Gedanken-Assoziation: Wie sagte mir doch der Kerl in schwarzer SS-Uniform, als ich im Brandenburger Walde bei 20 Grad Kälte Baumstämme schleppen sollte:

«Du hast wohl in deinem ganzen Leben noch nie gearbeitet? Du wirst es noch lernen, hier in diesem Walde!» Ich habe es nie gelernt, trotz Drohungen, Hungerstrafen und trotzdem mir einer die Nase halb zertrümmert hat mit einem Gewehrkolben. Warum muß mir diese so üble Erinnerung hierher nachlaufen, in mein Antai-ji, zum Orte meines Friedens, zu meinem Punkt Omega? In die Frühlingslandschaft glücklich geschwungener Bergkegel, über denen heute abend der Mond aufgehen wird, so schön, wie er niemals in Europa über uns steht: silbertriefend, ganz hoch, fast im Zenit; kein Wunder, daß beinahe jedes japanische Gedicht den Mond erwähnt und selten die Sonne...

Am nächsten Tage fragt mich der Meister, wie es mir geht: – Der Roshi wird mich nicht billigen. Ich kann nicht mehr Zazen machen, nach vielen Jahren Arbeit daran habe ich es hier verlernt. Mein Zazen ist miserabel, der Kopf mit

Gedanken vollgestopft, ich habe Lust zu schlafen und kann kaum die fünfzig Minuten abwarten, bis die Glocke uns zehn Minuten Pause ankündigt. Was hat solches Zazen überhaupt für einen Sinn? Dotscho-san sieht mich aus seinen klugen Amselaugen an, die in einem klaren Gesicht stehen, und sagt:

– *Sie* machen ja nicht Zazen; Zazen macht sich von selbst in Ihnen. Was erwarten Sie überhaupt? Vielleicht das Satori? Er lacht jetzt über das ganze Gesicht:

– Satori, die Erweckung, manche sagen auch Erleuchtung, ist eine Sache des Wetters, der Temperatur, Ihres augenblicklichen physischen Befindens.

Er wird wieder ernst und tief:

– Es kommt nur darauf an, daß Sie vor dem Selbst stehen, ins Selbst eindringen, daß Sie alles vergessen, sogar das Zen. Zen ist Leben; endlose Schöpfung.

– Der Roshi möge wissen, daß dies im Augenblick für mich leere Wörter sind. Während des Zazen steigt der ganze Müllhaufen meines Lebens in mir auf, alles Zerbrochene, alles Häßliche, aller Haß; auch das Schöne, die Begierden, Wünsche, Liebe.

– Der Augenblick kommt, da all dies zerrinnt wie eine Wolke, wie Staub. Dann erscheint Ihr Selbst, der volle Lebensstrom, das All…

Einige Tage darauf fragt mich Dotscho-san, der mich bei der Sisyphusarbeit überrascht, den Zugang zur Zenhalle reinzukehren, auf den fortwährend neue Piniennadeln fallen:

– Und der Schutthaufen ist immer noch da?

Ich erröte, denn ich denke zunächst, daß der Roshi meine momentane Arbeit tadelt; doch dann verstehe ich den Sinn der Frage:

– Dotscho-san, er baut sich langsam ab...

Ich werde das Kloster nicht verlassen, ich bleibe hier, wenigstens für die mir festgesetzte Zeit.

Oft sehe ich neue Gesichter, junge Japaner, die einige Tage dableiben, mit uns meditieren, essen und schlafen; dann gehen sie weg, keiner weiß, wohin. Vielleicht in ein anderes Kloster, vielleicht kommen sie wieder. Amerikaner, Kanadier, hübsche junge Frauen tauchen auf, zum Zazen von fünf bis acht Uhr früh. Menschen in internationaler Hippietracht, die Jungen mit langen Haaren oder kahlgeschoren, um zu zeigen, daß sie zum Zen gehören. Tagsüber arbeiten oder studieren sie; Englischstunden sind in Japan sehr begehrt und hoch bezahlt, man kann davon leben. Ich beneide einzelne von ihnen, die fließend Japanisch sprechen und selbst die mühevolle Ideogrammschrift erlernt haben; wie kommt das nur? Fällt doch im allgemeinen den Amerikanern das Lernen einer Fremdsprache so ungemein schwer!

Langsam lerne ich die vielfach verschachtelten kleinen Pavillons von Antai-ji, verborgene Gartenstückchen, Höfchen und eine alte Kapelle kennen. Nicht weit vom Hauptgebäude lebt in einem winzigen, äußerst sauberen Kleinpavillon eine ältere Dame; man muß sie wohl so nennen; sie kommt öfters zu den Mönchen, um zu plaudern; ihr Kopf ist glattrasiert, sie ist Nonne: gesprächig, lebhaft, freundlich und energisch.

Das Kloster sorgt wohl für ihren bescheidenen Unterhalt. Ihre Geschichte ist ungewöhnlich, jedoch typisch japanisch und richtig «zen».

Die Nonne, einst als eine Schönheit bekannt, übte bei irgendeinem Meister ihr Zen. Sie hörte viel von Kodo

Sawaki, damals noch in Antai-ji, und wünschte, seine Schülerin zu werden. Der Meister schlug es wiederholt ab, aus welchem Grunde, wissen wir heute nicht. Da faßte die junge Frau einen Entschluß; sie schnitt sich ein Stück Finger ab und sandte es an Kodo Sawaki mit einem Briefe, in dem sie ihren festen Willen kundgab, auf ihrer Bitte zu beharren. Nun sagte der Meister nicht mehr nein und nahm sie als Schülerin an. Sie hat wohl bewußt auf ein legendenhaftes Vorkommnis aus der Frühzeit des Zen angespielt – und er reagierte entsprechend. Als Eko, ein Schüler des noch heute sehr populären, auf Bildern meist fettleibig und grimmig dreinblickenden Bodhidharma (480–528 nach Christus) im Schneetreiben tagelang in Versenkung saß, um von Bodhidharma als Schüler angenommen zu werden, weigerte sich der Meister. Da schnitt der Schüler sich einen Arm ab und zwang so den Altmeister, der das Ch'an, eine Vorstufe des heutigen Zen, in China gründete, seinen Entschluß zu ändern.

Jeder Zen-Meister in Japan hat eigentlich unbeschränkte Freiheit in der Ausübung seiner Lehre.

Kosho Uchiyama wendet sich zumeist an Fortgeschrittene und nicht an Westler, die erst das Abc des Zen zu lernen haben. Man darf jedoch sagen: Jeder Japaner, auch wenn er nie im Leben Zazen übte, ist zen-bedingt in seinem Verhalten und Fühlen, wie der Mensch des Westens, auch wenn er nie zur Kirche geht und an nichts glaubt, christlich «konditioniert» ist. Dies stellt für das Zen, wenn es nach Westen kommt, ein noch nicht ganz erfaßtes, geschweige denn gelöstes Problem dar. Es ist ein Problem für beide Seiten.

Wir finden Zen-Leute hoher Intelligenz, die aneinander vorbeireden, die lange darüber diskutieren, ob die östliche Zen-Erfahrung des Absoluten gleich oder verschieden von der westlichen sei und ähnliches.

Für die großen Meister ist das keine Frage. Die «Wesensschau» ist immer dieselbe, auf welchem Wege auch man zu ihr vordringt. Und auf jedem Wege kann man sie verfehlen. Kein Westler entgeht zu Beginn dem Zwang zur intellektuellen Auseinandersetzung, aber das Wesentliche bleibt das Zen-Erlebnis.

In Antai-ji wird dieser Einbruch durch die vollkommene, bewußte Vereinsamung des einzelnen erreicht, durch die mechanische Abnützung aller Gedankenreste, damit paradoxer Weise aus dem Nichts die Fülle kommt. Man könnte auch sagen: Der Bewußtseinsspiegel wird ganz sich selbst überlassen, bis er fast auf Null sinkt. Das «Nicht-Denken» wird nicht erstrebt, sondern abgewartet und in keiner Weise beschleunigt. Dies erinnert auch an die in Japan übliche Morita-Methode zur Heilung von Neurosen, die in einer Verödung der Psyche besteht, im Gegensatz zu den gewöhnlichen psychoanalytischen Methoden, die mit aktiven Stimulantien arbeiten, wo der Psychoanalytiker den Kranken zum Bekennen drängt.

An Sonntagen verwandelt sich unser Kloster tagsüber in eine gastliche Empfangsstätte. Bessere Polster werden hervorgesucht, Zugänge, Zenhalle und Gänge noch sorgfältiger gefegt, als es ohnehin täglich der Fall ist. Zenleute von nah und fern, ganze Familien strömen herbei, um zu «sitzen» und um zweimal am Tage die Homilie des Meisters zu hören, Interpretation der Lehrtexte. Zu Mittag und abends wird aus mitgebrachten Holzschachteln das vorbereitete Mahl zusammen mit den Mönchen verzehrt. Feststimmung herrscht, der Dialog geht spontan um Fragen des Zen, sogar unter den Jugendlichen. Manche kommen von weit her: ein Professor einer Hochschule in Kyoto, der fließend Französisch spricht, ein hoher Präfekturbeamter aus Osaka, ein Laienmönch, der seinen schwarzen Koromo und die Stola angezogen hat. Erst gegen Abend verebbt der Besucherstrom.

Diese Sonntagsfeiern entspannen das strenge Leben der Brüder. Sie brauchen das von Zeit zu Zeit. Lebt man länger in dieser Gemeinschaft, so kann man bemerken, daß sich auch hier kollektive psychische Schwankungen ergeben; daß es Tage gibt, an welchen sich alle belastet fühlen, und andere, an denen die Lebensfreude die Oberhand gewinnt. Dem erfahrenen Meister ist dies nicht unbekannt; es hängt dies wohl auch mit dem in Japan so oft wechselnden und manchmal bedrückenden Wetter zusammen sowie mit der Unerbittlichkeit des Tageslaufs. Allein die neun Stunden Versenkung sind ein Pensum, dem nur gesunde Naturen gewachsen sind. Sollten sich seelisch Gestörte hier einfinden, in der Hoffnung, Heilung zu finden, so würden sie sehr bald zusammenbrechen und aufgeben müssen. Daher besteht ein strenges Auswahlprinzip bei der Aufnahme; namentlich Westlern wird der Zugang oft verweigert. Hier will man keine «objektiven Beobachter»; Antai-ji (im Gegensatz zu anderen Zenklöstern wie Eihei-ji und Soji-ji) weigert sich, zum folkloristischen Schauobjekt oder psychologischen Studienobjekt zu werden. Uchiyama Roshi erzählt uns wie einen Witz, daß er einen Vorschlag des Fernsehens, uns zu filmen, abgelehnt habe:

– Stellt euch vor, sie wollten uns sogar dafür bezahlen! sagt er, und die Mönche quittieren diese Zumutung mit herzlichem Lachen.

45

Bei Gelegenheit wird ein kleines Fest gefeiert, etwa zum Abschied eines Mönches, der an einen anderen Ort versetzt wird: eine «Party» am Abend vor dem Schlafengehen, wobei O-Sake, der Reiswein, reichlich fließt und die Zungen sich lösen. Am Vortage meines Abschiedes bringe ich Dotscho-san eine Flasche O-Sake. Auch mir zu Ehren gibt er eine «Party», wie er sagt, jedoch mit Tee und Kuchen. Es wäre nicht taktvoll, mich mit meinem eigenen Geschenk zu bewirten. Ich habe mich zum letzten Gespräch beim Abt angemeldet, er vertraut mir seine Wünsche an; sein Manuskript für die Verbreitung des Zen in Europa und Grüße an ferne Freunde. Es fällt mir schwer zu sprechen, mein Japanisch wird holprig. Am Ende der Audienz tue ich, ungenötigt, einfach aus Bedürfnis, den dreifachen Kniefall: mit der Stirn berühre ich den Boden, wobei ich die Ellbogen aufstütze, die Handteller liegen nach oben, halboffen, als wollten sie, wie man sagt, die Füße des Buddha umfangen: Domo arogato gosaimaschta, stammle ich: Dank, Dank für alles, was Sie für mich getan haben.

Der Abt neigt sich leicht über mich, es ist wie ein väterlicher Segen, als er lächelnd erwidert: Kommen Sie wieder, Sie werden herzlich willkommen sein!

Von den Mönchen habe ich einzeln, verschämt, Abschied genommen, und jeder von ihnen vergewisserte sich besorgt: Aber Sie kommen doch zurück, nicht wahr?

Am nächsten Tage, nach den letzten drei Stunden Versenkung und nach der Reissuppe am Mittag, packe ich meine Reisetasche und stehle mich ungesehen aus dem Hause, durch den Park, der voller Blüten und Vogelstimmen ist, nach Kyoto, wo noch andere Begegnungen und Ereignisse meiner Pilgerfahrt warten.

III. ZWEITE BESINNUNG: FÜNF ZEN-GEDICHTE

Versenkung *

Hört nicht mehr auf den Lärm. Denn:
Nichts verstört euch mehr.
Ihr seid Gebet, doch ohne Glanz
im Lotussitze.
Umschließet das Oval
des Raumes
in euren Händen, halb geöffnet,
indes, gleich einem Stamme,
der Rücken sich
zum Angriff bäumt.

Doch gnadenlos verschwindet
das Wort und das Geschlecht
und selbst der Trost
des Denkens.

Loslösung

Um euch zu lösen,
entfaltet eure Hände, allzu sehr

---

* Das Gedicht schildert die körperliche und seelische Haltung, die vom Übenden gefordert wird, um Schikantaza, d. h. völlige Versenkung, zu erlangen.

vom Gram beschwert
und saget nicht mehr «Weh»
und trocknet
den Quell der Tränen. Sammelt
in euren Augen
zwei Tropfen Licht
und seid nun Baum und Frucht
und warme Wolle...

und blicket
(ohne zu schauen)
auf all das Schwere:
Blei und Harz,
– was gestern noch
so kostbar war –
ihr wart es ja,
und ihr seid es nicht mehr

Und grüßet das Morgenlicht des *Leeren,*
das nunmehr
zum erstenmal
sich an das Herz euch hebt
und euch umkleidet:
ein königlicher Mantel
des Armen.

Letzte Trennung

Mit beiden Händen
zerbrecht

das weiße Land,
doch ohne Weinen,
selbst ohne
die Lippen zu verzieh'n
beim Denken an
den letzten Schmerz

und denket
mit euren *Blicken*
ohne jenen
nutzlosen Staub von Worten.

Ein Klopfen
in eurem Blute hämmert:
Liebe … Liebe,
wenn auch der Mund
noch voller Tränen steht.

Im Angesicht
des Blickes,
der nicht mehr ist
und der jedoch
zum weißen Meere wird:
ein Lächeln
und Frucht und Samen
der Freude.

Ganz ohne dich
und ohne mich
und ohne ihn,
erfüllt von dem,

was es nicht geben kann
und was es dennoch gibt

im Anderswo.

Zazen

Die Räume
und die Maße
von Schmerz und Freude
sind ohne Schwere,
denn es gibt nicht Waage
und Schritt und nicht Gesetz.

Geflecht von Licht, von Liebe,
du löst dich auf,
denn deine Kühle,
dein warmes Strahlen
verängsten keinen mehr.

Urstrom der Glorie:
aus Lachen und aus Weinen
endlose Perlenkette…

Doch wo bist *du*?
Das Ich zernichtet.
Erst noch gepreßte Traube
und jetzt? Ein Kelch voll Wein,
der schon verraucht.

Die Augen stumm:
erblindet.

Doch wenn du
um dich blickst, sieh!
Wieder erstanden sind die Hände,
die Zärtlichkeiten.

Niemals entrinnst du
aus deiner Ewigkeit,
gerötet
von einer Liebe,
die keinen Namen haben darf.

Betrachtung

Über den verlorenen und wiedergefundenen Ochsen:
(In der Zen-Malerei findet sich in verschiedenen Variatio-
nen eine beliebte Bilderserie: ein Hirte, der seinen Ochsen
verloren hat und endlich wiederfindet. Das Tier bedeutet
das verlorene und wiedergefundene Selbst.)

Erstes Bild (Die Suche)

Hinter dem Meer
von Stein, die Schatten
verloren
und die Sehnsucht
nach dir,
im Dornenbusch verirrt.

Der Mond,
so reif in andern Nächten
ergießt sich nicht mehr
auf unser Haupt;
in Trockenheit
verdorrt das Blut:
allein stirbst du den Tod.

Zweites Bild (Die wiedergefundenen Spuren)

Doch jäh,
vor jenen Pforten,
von Grün umsponnen,
erfaß' ich deine Spur:
dein Abbild
unter dem Lächeln
des nassen Grases,
das auf deine Schritte wartet.

Drittes Bild (Der Wiedergefundene)

Du bist es!
Deine Blicke
von Gold; dein Leib
in Honigfarbe strahlend
singt nun die Sonne an:
Du bist's.
Unter dem Schweigen
des Mondes findest du
dein Bett,
in Hoffnung guter Frucht.

Viertes Bild   (Mann und Tier verschwinden, nichts
bleibt als ein weißer Kreis.)

Du schreitest
zu jenen Pforten,
die ohne Pforte sind, ersterbend
in weißer Glorie
und du verschwindest,
umgrenzt von Schatten
verblichnen Mondes.

Fünftes Bild   (Der Mann kehrt fröhlich zurück;
er geht ins Dorf und mischt sich unter die Menge.)

Jedoch sobald
das Nichts dich gürtet,
kommst du zurück:
als Auferstandener:
mit Früchten
beladen und mit Wein,
mit Flöten...
gehst du zu Markte; aus dem Munde
strömt dir Gesang
wie Meeresrauschen.

Von diesem Augenblick an
bist du der Fels, der Mond,
bist Frau und Mann
für deine Ewigkeit.

IV. GEFAHREN IM ZEN:
DREI BRIEFE

Der Autor nachstehenden Briefes ist ein aus Süd-
deutschland stammender junger Künstler, der sich als
Mönchsanwärter in einem großen Rinzai-Zenkloster bei
Kyoto befindet; sein Brief ist die Antwort an einen jungen,
dem Zen nahestehenden deutschen Lehrer, der die Absicht
äußerte, nach Japan zu gehen und dort in ein Zenkloster
einzutreten.

12. Mai 74, Kyoto

Sehr geehrter Herr (...)
    Vielen Dank für Ihren Brief.
    Zunächst möchte ich Ihnen auf Wunsch meines Ros-
his* die Schwierigkeiten aufzählen, die Sie hier erwarten,
falls Sie in Japan in ein Zenkloster eintreten.
    Sie sind, da Sie ja kein Geld besitzen, völlig an das
Kloster gebunden. Das wäre weiter nichts Besonderes, jedoch gehen die Mönche 3–4mal im Monat in die Stadt, um
allerlei zu erledigen; bei dieser Gelegenheit gönnen sie sich
auch kleine Vergnügungen wie Kino und dergleichen. Das
wäre für Sie schon das erste Problem. Sie können nicht immer enthaltsam sein, während alle anderen nach draußen
gehen; das hält man psychisch auf keinen Fall durch.
    Die nächste Schwierigkeit besteht darin, daß Sie we-
der die Sprache beherrschen noch die Gewohnheiten der

---

* Roshi = alter Meister. Ehrentitel, namentlich für Vorsteher von Klöstern verwendet.

Leute kennen, geschweige denn die Gepflogenheiten der Mönche. Sie wären für jede, noch so geringfügige Tätigkeit, auf die Hilfe anderer angewiesen. Diese Abhängigkeit zehrt einem sehr an den Nerven. Dazu kommt, daß man durch die oben angegebenen äußeren und inneren Schwierigkeiten und die tägliche vielstündige Zazen-Übung in solche Spannungen gerät, so daß die monatlichen Sesshins nur noch zur Qual werden.

Dazu möchte ich Ihnen ein Beispiel erzählen. Als ich vor 2 Monaten nach Japan, ins Kloster zurückkam, begleitete mich ein langjähriger Freund in der Absicht, für längere Zeit ins Kloster zu gehen. Ich kenne ihn als einen besonnenen und klugen Menschen, der seine Absichten sinnvoll plant und vorbereitet. Dies tat er auch in diesem Falle, er übte den Lotussitz und erarbeitete das für die Reise und den Aufenthalt notwendige Geld. Wir kamen hier Ende März an, bei ziemlicher Kälte und den Kopf voller Gedanken und Erwartungen. Wie Sie wissen, gibt es im Kloster keinerlei Bequemlichkeiten, nicht einmal Betten im europäischen Sinn, Heizung usw.

Nach 4wöchiger Übung und täglicher Arbeit begann das erste Sesshin. Nach 2 Tagen mußte mein Freund wegen psychischer und physischer Überanstrengung das Sesshin unterbrechen. Die teilweise starr wirkende und von den Mönchen für uns Europäer meist unverständliche Anwendung alter Tradition trägt zu weiterer Verwirrung bei. Ich persönlich würde jedem Europäer von diesem Wagnis abraten, denn nur ein besonders starkes, zwingendes Erlebnis, das meist mit großem Leiden verbunden ist, ermöglicht es einem, diese Strapazen auf sich zu nehmen. Erst wenn man bis zu einem gewissen Grad innerlich ausgebrannt ist, ist man bereit für eine derartige Übung. Für diesen Grad der Ausgebranntheit scheinen Sie mir noch etwas zu jung zu sein.

Mein Roshi, den ich um Stellungnahme zu Ihrem Briefe bat, meinte, er sei grundsätzlich dafür, daß Sie nach Japan kommen, doch sollten Sie sich eindringlichst alle Schwierigkeiten vor Augen halten, die ich versuchte, Ihnen zu erklären. Es ist nur ein Tausendstel von dem, was Sie stündlich, minütlich, hier erwartet.

Wie Sie vielleicht schon wissen, ist die Zen-Übung nicht ungefährlich. Letztes Jahr haben sich zwei Europäer in einem mir bekannten Kloster das Leben genommen.

Es tut mir leid, Ihnen nichts Erfreulicheres mitteilen zu können, doch die Sache ist zu ernsthaft, als daß man leichtfertige Erklärungen abgeben dürfte.

Ich bin jederzeit bereit, auf weitere Fragen zu antworten.

Bitte versuchen Sie sich klarzuwerden, mit all Ihrer Kraft, ob dies wirklich Ihr Weg ist.

Dazu möchte ich Ihnen noch kurz einen Ausspruch meines Meisters schreiben. Auf die Frage, ob Zen in der Kunst möglich ist, meinte er: Ja, selbstverständlich; wenn man sich ausschließlich mit Kunst beschäftigt, ohne irgend etwas anderes zu betreiben, so könnte man dort dasselbe finden wie im Zen. Bei Ihnen würde das bedeuten: Lehrer zu sein.

Mit herzlichen Grüßen   E... N...

Ein Text wie obiger berührt durch seine ungeschminkte Offenheit. Von den vielen «Meditationsmethoden», die ihre Propaganda auf vielen Versprechungen aufbauen und dabei die Mühelosigkeit, Leichtigkeit und Schnelligkeit betonen, mit der das Ziel zu erreichen sei, unterscheidet sich Zen grundlegend. Es ist in den Zenklöstern seit jeher üblich, die Kandidaten durch lange Geduldsproben von ihrem Entschluß, ins Kloster einzutreten, eher abzuschrecken und zu entmutigen.

Die Aufnahme wird zunächst, selbst bei Vorlage von Empfehlungen, verweigert, und der um Eintritt Bittende muß oft viele Stunden und sogar tagelang vor der Klostertüre stehen oder, sich selbst überlassen, im Lotussitze in einem Raume nahe am Eingang warten, bis ihm Gehör geschenkt wird. Im vorliegenden Falle haben wir es nicht mit einer dieser Gepflogenheiten zu tun, sondern mit einem sachlich begründeten Rat. Zen in seiner eigentlichsten Betätigung, dem Zazen (Sitzen in Versenkung), mag einfach aussehen und harmlos erscheinen.

In Wirklichkeit ist es das Gegenteil. Bei längerem Zazen wird eine starke körperlich-seelische Spannung erzeugt, die den Unerfahrenen und nicht fachlich Beratenen ernstliche Schäden bringen kann. Daher ist es wichtig, Zazen, wenn nur irgend möglich und auf alle Fälle zu Beginn, unter Anleitung eines Meisters zu üben. Nur unter dieser Voraussetzung sollten praktische Belehrungen verstanden werden, wie man sie vielfach in Büchern über Zen findet.

Es darf auch nicht übersehen werden, daß die dank Zazen erworbene Einstellung eine Macht bedeutet, die auch zum Mißbrauch führen kann. Die immer wieder betonte «Loslösung vom Ich», die Ent-Wertung der sichtbaren und unsichtbaren Dinge, deren Relativität nur gezeigt wird, soll uns zu innerster seelischer Tiefe führen. Sie kann aber auch, falsch verstanden, zur Verachtung, nicht allein des Todes, sondern auch des Lebens und zu politischem Fanatismus führen: Denken wir an die Kamikaze, die Selbstmordflieger des letzten Weltkrieges, oder an den von drei Japanern vollführten Massenmord auf dem israelischen Flughafen von Lod. Gewiß liegen derartige Verirrungen weitab vom Geiste des Zen; sie sind jedoch möglich und sollten daher hier erwähnt werden.

Briefwechsel mit einer Zen-Gruppe in T. (Italien).

Lieber Meister,

Die Lage unserer Gruppe ist nicht schlimm, aber sie gibt zu Bedenken Anlaß.

Seit einem Jahre sind wir nun hier zusammen, seit Sie den Grundstein gelegt haben. Dies ist nun die erste wahre Krise, die sich zeigt: Zazen hat gewirkt...

Die Krisis berührt alle, die seit langem bei uns sind, also die «Alten», nicht aber diejenigen, die erst seit kurzer Zeit den Dojo besuchen. Es ist nicht leicht zu erklären, worum es sich genau handelt; es ist dies etwas Tieferes, dessen Wurzeln bis in eine Zeit zurückgehen, die lange *vor* dem Tage liegt, an dem wir unsere Zen-Arbeit begonnen haben.

Mit einem Wort: F., E., En. und Fe. stellen alles in Frage. Sie stimmen darin überein, alles für nutzlos zu erklären, was Ritus ist: Gasshó*, Gehen im Sinne des Uhrzeigers, das Buddhabildnis, der Gong, die Kerzen, der Weih-

* Im Zen: die Verneigung mit aneinandergelegten Händen; eine sehr häufige Geste, die Dank, Bitte, Verehrung, Entschuldigung ausdrückt.

rauch, der schwarze Kimono*... alles sind Dinge, die sie verwerfen.

Nur Zazen wird anerkannt.

All diese Argumente könnten an sich wohl gültig sein, jedoch, so glaube ich, erst nach einer sehr langen Zeit...

Ich fühle die Angst unserer Freunde, in religiöse Klischees zu verfallen; ihre Reaktion finde ich verständlich, weil sie eben von alldem, was wir tun, nur die Äußerlichkeiten zu erfassen vermögen.

Ich glaube, daß wir dringend einen direkten Kontakt mit dem Meister benötigen, sonst wird die «Versenkung», das Zazen unserer Brüder, eine Geste von bloßem Egoismus, die sie, anstatt zur Gemeinschaft, der Sangha, zu bringen, davon entfernt.

Sie haben Angst und sagen, daß ein enger Kontakt mit dem Meister Dinge mit sich bringt, die zu tun sie innerlich noch nicht bereit sind.

Ich aber fühle, daß mir die Hände gebunden sind.

Ich möchte zu unseren Leuten vom inneren Wert des Ritus sprechen; ihnen erklären, daß eine Geste nicht nur eine Geste sei, sondern daß sich hinter ihr viel Wesentliches verbirgt. Die Geste erhält doch ihren Wert durch die Absicht, in der sie erfolgt.

Leider aber hat der Ritus in unserem kulturellen Raume viel von seinem Wert eingebüßt; der Mensch ist skeptisch, nicht glaubensbereit, müde.

Die Riten werden nunmehr als etwas Formloses und Unbelebtes empfunden.

* Im Zen richtig «Koromo» genannt.

Schon das Wort «Ritus» provoziert die Vorstellung von «Irrationel» und bewirkt daher eine glatte Weigerung zu verstehen.

Ich weiß nicht, ob ich imstande bin, die Wichtigkeit des Dojo als Zentrum, als heiligen Grund-Raum, zu erklären.

Von mir ausgesprochen, wird diese Einstellung nicht angenommen. Dennoch ist sie wichtig. Wie kann man nur erklären, daß, «wenn ein einziges Wesen *Zazen* tut, das ganze Universum in Versenkung lebt?»

Im Augenblick weisen sie meine Worte ab, da ich in ihren Augen eine Autorität darstelle.

Im Grunde ist die Frage der «Autorität» der Kern unseres Problems. Unsere Leute haben darum gerungen, sich jeglicher Form von Autorität zu entziehen, und wollen – zu Recht – nicht vom Regen in die Traufe fallen.

Ritus und Geste werden daher wie eine unangenehme Pflicht, wie eine lästige Verpflichtung empfunden.

Heute genügt es daher nicht mehr zu sagen: Wenn ihr in den Dojo eintretet, verneigt euch. Vorerst wollen sie genau wissen, warum sie dies und alle anderen Gesten tun sollen.

Alle diese Probleme wünscht die Gruppe in Gemeinschaft mit Ihnen zu erwägen, und zwar beim nächsten Sesshin, ohne Beisein von Außenstehenden, welche diese Probleme für Hirngespinste ansehen könnten.

Dies ist, kurz gesagt, die Lage. Ich weiß und fühle es: wenn wir auch wenige sind, so ist etwas ganz Starkes da, das uns zusammenhält, das uns die Kraft gibt, gemeinsam das zu schaffen, was in Einzelarbeit äußerst schwierig wäre.

Wir würden sehr glücklich sein, mit Ihnen vor Ihrer

Abreise noch ein Sesshin machen zu dürfen, an drei Wochentagen Ihrer Wahl.

Ich danke Ihnen für all Ihre Geduld, ich grüße Sie im Dharma von ganzem Herzen und wünsche Ihnen Gesundheit und gute Arbeit.

Ihr M.

Antwort:

Lieber M, liebe T.,

liebe Freunde von T.,

ich hoffe, daß Euch endlich meine Nachrichten erreicht haben (…). Ich erklärte in meinem Schreiben, daß ich beim besten Willen im Augenblick nicht zu Euch kommen kann, und ich gab Euch die Gründe an, die nicht von mir abhängen (…).

Es läge mir sehr daran, mit Euch direkt zu sprechen, um die Fragen des Augenblicks mit Euch zu behandeln. Ich verstehe Euch gut. Die Tatsache, daß Ihr Euch Fragen stellt, ist sogar ein Zeichen für Fortschritt im Zen. Bisher seid Ihr gefolgt und habt zugehört; jetzt fragt Ihr Euch nach dem Warum.

Erinnert Euch daran, daß der Buddha sagte: Glaubt mir nicht und folgt mir nicht, ohne vorher alles geprüft zu haben. Es scheint mir, daß Ihr nunmehr in diesem Stadium der Prüfung seid.

Wenn ich richtig verstehe, fürchtet Ihr, in eine «Religion» zu verfallen, nachdem Ihr die traditionelle verlassen habt; es erscheint Euch schwierig oder lächerlich, Einzelheiten mit in Kauf zu nehmen wie: Weihrauch, Gasshó, Koromo, Kyosaku * usw.…

* Warnstab; beim Zen öfters verwendet. Siehe: Kapitel VIII.

Ich verstehe Euch. Erinnert Euch, daß ich immer betont habe, daß derlei überflüssig sei und nicht das Wesentliche berühre. Das sagen bereits die Alten Meister. Ihr könnt im Buch von Uchiyama Roshi die Zitate von Dogen, von Tendo und anderen nachlesen, wo es heißt:

«Es lohnt sich nicht, die Sutras zu rezitieren, Weihrauch zu verbrennen, usw.; ... das Einzige ist das Zazen.»

Nun höre ich Euch sagen: Wenn es so ist, weshalb sollen wir diesen ganzen Krimskrams befolgen?

Darauf ist meine Antwort vor allem: Niemand zwingt Euch dazu, Ihr seid völlig frei, all dies anzunehmen oder abzulehnen. Das Wesentliche ist Zazen.

Nur wenn Ihr Euch nicht genötigt, nicht verpflichtet fühlt, nehmt es an. Sonst aber, werft es weg ...

Zazen heißt: absolute Freiheit, freiwillige Last ...

– In diesem Falle aber (werdet Ihr sagen): Weshalb soll man auf Riten bestehen, weshalb das Buddhabild grüßen usw.? Und weshalb sollen wir den Worten von M. folgen? Sind wir denn in einer kirchlichen Kongregation?

Ich habe Euch bereits früher gesagt: Zen heißt nicht: eine Religion zugunsten einer anderen verlassen, einen Kult gegen einen anderen eintauschen und ein braver Buddhist zu werden, nachdem man ein schlechter Katholik gewesen ist.

Zen geht über den Buddhismus hinaus, es übersteigt jede Konfession oder Kirche ...

Es ist ein «Darüberhinausgehen». Es bedeutet Freiheit, aber gleichzeitig ist Zen eine tiefernste Verpflichtung. Nicht Verpflichtung einem anderen gegenüber, gegen eine Institution, sondern Verpflichtung gegenüber uns selbst.

Über diesen Punkt, so scheint mir, müssen wir reden

und gemeinsam die Antwort finden. Ich werde versuchen, mich klar auszudrücken; wenn Ihr mich nicht versteht, fragt mich.

Liebe Freunde, versuchen wir, gemeinsam nachzudenken und zu überlegen. Ich habe den Eindruck, daß Ihr bereits große Fortschritte gemacht habt, aber es ist nötig, noch eine zusätzliche Anstrengung zu machen, um nicht in Irrtum zu fallen.

Ich sehe es so: ich habe den Eindruck, daß Ihr noch nicht völlig den Sinn des Zen erfaßt habt. Ihr wollt Erklärungen der Vernunft für etwas, für das es keine «Vernunfterklärung» gibt.

(Verstehen wir uns recht, es geht nicht um «Offenbarung», sondern die Sache ist viel einfacher).

Mit einer Gabel kann man nicht das Meer auslöffeln.

Eure Fragen nach dem «Warum» beruhen auf einem Irrtum.

Alles, was Ihr ablehnt, nehmt Ihr für ein Symbol oder für Zeichen, und Ihr wollt seine Ursache wissen. Hier liegt eine schwere Verkennung vor!

Zen kennt keine Symbole. Jede Geste ist eine Geste – nichts weiter. Hier ein paar Beispiele aus dem praktischen Leben: Wenn ich einer geliebten Frau Blumen bringe, so tue ich es nicht als «Symbol»; wenn ich einem Mädchen einen Kuß gebe, so ist es eine Geste der Freude und nicht ein Symbol. Wenn ich einen Lump ohrfeige, so tue ich es nicht, «um etwas damit anzudeuten», sondern um ihm eine zu knallen. ... Ich will mich noch krasser ausdrücken; gestern las ich eine Rede von Altmeister Lin-Tsi (Rinzai):

«– Ihr Anwärter, ihr Mönche, der Buddhismus kennt keine Anstrengung. Es kommt einzig darauf an, sich im

Gewöhnlichen zu halten, ohne sich viel zu schaffen zu machen: scheissen und pissen, sich anziehen und essen...»

Wenn Ihr also die Gesten, die Euch mißfallen, als etwas Fremdes empfindet, dann laßt sie fallen... Wenn Ihr sie dagegen spontan tut, so nehmt sie an...

Das ist nicht wichtig. Mir gibt etwas ganz anderes zu denken. Es scheint mir, daß Ihr noch nicht genügend frei von Euch selber seid, frei von Eurem kleinen «Ich». Irgendwo steckt da eine Weigerung völlig loszulassen, eine Weigerung, Euren Egoismus zu zerstören.

Ihr habt Angst, alles zu verlieren, Euch mit Körper und Geist (was ja eins ist), in den Abgrund zu werfen. Ihr habt damit recht. Denn Zen ist ein Risiko auf Leben und Tod. Ihr habt es verstanden und daher... zögert Ihr.

Unter dem Vorwand, «die Freiheit» zu verlieren und Euch unterzuordnen, versteckt sich die Tatsache, daß Ihr noch nicht zur wahren Freiheit gekommen seid!

Wenn die Riten Euch ärgern, so *hängt Ihr von den Riten ab* und seid nicht frei.

Zen ist Freiheit, aber Freiheit, die man sich verdienen muß.

Zazen ist eine ständige Arbeit, eine harte Arbeit, tiefen Krisen ausgesetzt... Wenn Ihr das akzeptieren wollt, dann aber mit Ernst und nicht wie eine Zeremonie, als gesellige Gewohnheit. Eure Sesshins müssen viel ernster gehandhabt werden. Ich denke zum Beispiel an das Schweigen dabei: Ihr achtet nicht darauf, und Ihr schadet Euch selbst sehr damit! Schweigen ist eine *Notwendigkeit* und nicht Schikane eines Feldwebels!

Noch einmal: Zen ist eine Sache auf Leben und Tod! Wenn Ihr es nicht in Euerm Innern wie einen Feuerstrom fühlt, wie eine absolute Notwendigkeit, dann laßt es bleiben und übt leichtere Meditation mit irgendeinem der vielen Meditations-Verkäufer, der Euch alles verspricht...

Zen verspricht Euch nichts: es stellt Euch bloß vor das «Nichts», das «Mu».

Freilich ist der Weg des Zen seit vielen Jahrhunderten ausgebaut worden. Ich denke an Einzelheiten der Haltung, an die Atmung usw. – Das sind Hilfsmittel zur Befreiung.

Es ist unmöglich, sich «frei» zu nennen, wenn man darunter die Zertrümmerung aller Struktur versteht. (So wie auch nicht jeder Schüler die Mathematik neu erfinden kann, aus Protest oder Mißtrauen gegen den Lehrer.)

Die Zeremonien, ich komme darauf zurück, die Tatsache, daß es einen Leiter des Dojo gibt, einen Plan und Gesten wie das «Bitten-und-Danken» des Gasshó, all dies sind Hilfsmittel, Stützen. Man kann auf das Buddhabild verzichten, gewiß, denn der Buddha sind *wir,* ist jeder von uns, – aber das Buddhabild erinnert uns daran. Es ist kein Symbol, sowenig wie wir Symbole sind, sondern lebendige Personen. Das Buddhabild ist also nicht Gegenstand der Anbetung, nicht Abbild eines Heiligen, sondern ein Pfeil, der uns in unser Innerstes trifft, ins Selbst, ins Weltall, das WIR SIND, wenn wir die Illusion des Dualismus fallengelassen haben.

Und so ist es mit vielem anderen.

Wenn es Euch beispielsweise unlieb ist, daß Euch M. «kommandiert» – gut. M. wird damit einverstanden sein, daß Ihr aktiver mitarbeitet: Er wird Euch lehren, wie man den Warnstab handhabt, er wird Euch das Hannya Shingyô vor-rezitieren lassen, einmal den einen, einmal den andern... Namentlich im Soto-Zen gibt es keine Hierarchie.

Was mich betrifft, bin ich auch nicht Euer «Lehrer»; ich bin der Finger, der versucht, Euch den Mond zu zeigen.

Drücke ich mich klar genug aus?

Schließlich komme ich zu einer Angelegenheit, die man nicht ausklammern kann:

Zen, so sagte ich Euch, ist keine spezielle Religion. Es ist aber *religio,* im wahren Sinne dieses Wortes: nämlich Bindung. Sich mit dem Universum verbunden fühlen, bis man sich selbst als das All weiß, eins ist mit allen Wesen.

Dies aber, liebe Freunde, muß man *erleben,* und das kann man nicht, solange man Zazen nur als Sport ansieht. Dann freilich fragt man sich nach dem Sinn – und das sind sinnlose Fragen.

Dann kommt es zu Protesten, die Eure Unzufriedenheit mit Euch verdecken sollen, sie aber verraten.

Sicher: Riten können sich wandeln; wenn sie Euch in ihrer gegenwärtigen Form unannehmbar erscheinen, vereinfacht sie. Auf alle Fälle aber ist eine Struktur notwendig, so wie in jeder Gesellschaft. Freiheit bedeutet nicht Anarchie.

Zen hat öfters im Laufe der Jahrhunderte sich gewandelt. Es wird sich weiter wandeln. Wenn Ihr Euch kompetent fühlt, helft mit, beschleunigt diesen Prozeß, aber schüttet nicht das Kind mit dem Bade aus...

Wenn ich direkt zu Euch sprechen könnte, würde ich mehr sagen. Wenn Ihr Fragen habt, stellt sie mir, bald, bevor ich auf eine Reise gehe, die ein Wagnis für mich darstellt. Aber ich nehme es auf mich als eine Notwendigkeit, der ich mich nicht entziehen darf.

Ich denke an Euch, meine Freunde. Überlegt meine vielleicht unzureichenden Worte.

Von ganzem Herzen, Euer ...

V. KOAN 1975

Ein Zen-Meister empfing den Besuch von vier Männern, die ihn, einer nach dem anderen, sprechen wollten.

Der erste, ein Katholik, sagte ihm:

– Meister; Zen interessiert mich sehr; sagen Sie mir jedoch vor allem: Sind Sie Buddhist?

– Ich bin es, entgegnete der Meister.

Der zweite Besucher, ein überzeugter, aktiver Buddhist, stellte folgende Frage:

– Meister, sagte er, ich weiß, daß Sie allenthalben sehr geschätzt werden; Ihre Ideen sind als offen und großzügig bekannt. Sind Sie aber... etwa ein Christ?

– Ja, ich bin es, antwortete der Gefragte in aller Einfachheit.

Der dritte Besucher, ein Marxist, stellte seinerseits eine ähnliche Frage:

– Ich habe Sie öfters sprechen hören, Meister, und ich frage mich, glauben Sie etwa an Gott?

– Gewiß, ich glaube an ihn, war die lächelnd gegebene Antwort.

Der vierte Besucher, ein Rationalist, fragte mit etwas spöttischem Lächeln:

– Wenn ich Ihre Reden richtig deute, so meine ich, daß Sie nicht an Gott glauben, sondern Atheist sind; oder irre ich mich?

– Ich glaube nicht an Gott, antwortete der Meister ernst.

Die vier Männer trafen sich sodann zur Besprechung.

Sie fanden, daß es dem Meister völlig an Charakter und Offenheit fehle, daß er sich über sie alle lustig gemacht habe, und sie beschlossen, ihm einen tüchtigen Denkzettel zu geben.

Mit Stöcken bewaffnet drangen sie in die Zenhalle ein, um ihn zu strafen. Sie fanden den Meister allein, im Lotussitz, in Zazen-Versenkung. Er rührte sich nicht; mit einem Lächeln sagte er ihnen ein einziges Wort:

– Zazen!

Völlig überrascht sahen die vier Männer einander an. Die Stöcke fielen ihnen aus der Hand und sie erfuhren die Erweckung.

Da erkannten sie, daß jede von ihren Fragen nur *einen Teil* der Wirklichkeit berührt hatte und daß die Wahrheit, die Lebenswirklichkeit des *Selbst,* jenseits aller einseitigen Fragen steht.

VI. KÖRPER UND GEIST,
VOM ZEN HER GESEHEN

Gespräch mit Professor Yoshiharu Akishige, Leiter der Psychologischen Abteilung des Zen-Institutes der Komazawa-Universität Tokyo.*

Professor Yoshiharu Akishige ist seit mehr als einem Jahrzehnt der Leiter der Psychologischen Abteilung des Zen-Institutes der Komazawa-Universität in Tokyo, der mit einer Gruppe von einem Dutzend Mitarbeitern die psycho-physischen Beziehungen erforscht, die sich durch die und bei der Zazen-Praxis ergeben. An etwa 50 Zen-Mönchen wurden bisher Experimente dieser Art gemacht, wobei Atem, Blutdruck, Auftreten von verschiedenen Hirnaktivitäten usw. geprüft wurden. Die für das Zen typischen Erscheinungen, hier und an anderen Instituten seit einer Reihe von Jahren untersucht, sind heute bekannt und mehrfach veröffentlicht worden. Die im nachfolgenden wiedergegebene Aussprache mit Professor Akishige zeigt weniger Einzelergebnisse auf als vielmehr, wie sich im Zen-Buddhismus die Einheit von Körper und Geist darstellt.

Die nüchterne Sprache dieses Wissenschaftlers scheint vor allem in ihrer Vereinfachung geeignet, dem westlichen Menschen Klarheit in das System des Zen-Buddhismus zu bringen.

Wir hören: Gleich zwei Rädern eines einzigen Fahrzeugs müssen die zwei Aspekte des Zen betrachtet werden: der theoretische und der praktische.

* Unter gleichzeitiger Benützung der Ansprache von Prof. Akishige auf dem 20. Internationalen Psychologie-Kongreß in Tokyo, 1972.

Ersterer, «Mombo» genannt, umfaßt das Erlernen der wahren Weisheit vom Gesichtspunkt des Zen aus, die sich kurz in folgenden lapidaren Sätzen ausdrückt:

1. Alle Erscheinungen der Welt sind in ihrer Existenz bloß bedingt; sie besitzen nicht das, was man – seit Jahrtausenden – als «Substanz» ansieht. (Gemeint ist mit Substanz: ein absoluter Urgrund, etwas Unzerstörbares, wie es in unserer klassischen Philosophie die Erfindung des Unteilbaren [a-tomos], des Atoms war, das später auf die Idee der Person [der Seele, des Ich] und weiterhin auf die Darstellung Gottes als eines denkbaren – und greifbaren – Wesens, einer Person, eines «Seins und Existierens» aus sich heraus – Ens a se –, projiziert wurde.)

2. Alle bedingten Dinge (Erscheinungen) sind unbeständig. Jedes Ding ändert sich, wechselt ständig (anatta). (Zu diesen Beobachtungen, die bereits, psychologisch gesehen, im Menschen Unzufriedenheit hervorrufen, da er von Natur aus nach Unzerstörbarem und Unveränderlichem trachtet – eine hier nicht weiter begründete Tatsache – gesellt sich der dritte Grundlehrsatz vom Leiden; auch dieser einer reinen Erfahrung entnommen.)

3. Alle Dinge leiden (dukkha). Dies wird weiter ausgeführt: alles menschliche Leiden beginnt, sobald man nichtsubstantielle und vergängliche Dinge der Erscheinungswelt für substantiell und beständig ansieht. Davon ausgehend wurde die Lehre (Yuishiki) entwickelt, die sich mit der Analyse der nichtsubstantiellen, nichtbleibenden Dinge beschäftigt: die buddhistische Psychologie, welche die Theorie von Bewußtsein und Person im Buddhismus untersucht.

Der Zen-Buddhismus beruht auf diesen überlieferten

Lehren; er lehrt uns, die Idee vom persönlichen Ich (ego) zu verlassen, das ich-gerichtete Streben nach Dingen der Erscheinungswelt aufzugeben, und auf diesem Wege zur Grundwahrheit des Buddhismus zu erwachen. Im Zen-Buddhismus heißt es, daß innerhalb der erweckten Welt die dualistische Gegensätzlichkeit, zum Beispiel zwischen Gut und Böse, Richtig und Falsch, verschwinde und daß das tägliche Leben von sich aus erwecktes Leben, daß der gewöhnliche Geist von sich aus Buddha-Geist sei. (Das hat nichts mit Metaphysik zu tun. Unter «Erweckung» ist die Rückkehr zur wahren Natur des Menschen zu verstehen, unter «Buddha-Geist» einfach: Geist der tiefen Erkenntnis, der Weisheit, nicht des Wissens). Die Person des historischen Buddha dient als Zeichen, als Synonym für: Natur des wahren Selbst und ist nicht etwa Ausdruck einer Über-Natur, des «Übernatürlichen». Dies ist ein Schlüssel zu den Grundgedanken der Theorie des Zen-Buddhismus – ein Schlüssel für Anfänger im Westen.

Der zweite Weg, zum Zen zu kommen, ist jener der Praxis, das «Zazen».

Der Einfachheit halber läßt er sich unter die drei Gesichtspunkte der richtigen Körperhaltung, des richtigen Atmens und des richtigen Geistes (d.h. der geistigen Haltung) einordnen.

a) Richtige Körperhaltung: die Haltung beim «Zazen» besteht im Kreuzen der Beine. Der Körper ist an drei Punkten gestützt: das Steißbein und beide (auf den Boden aufgelegte) Knie geben große physische Stabilität; der starke Druck, der durch die Beine auf die Oberschenkel ausgeübt wird, beeinflußt den Kreislauf; schließlich gibt die leichte Anhebung des Zwerchfelles, unterstützt durch das

Kissen unter dem Steißbein, die gewünschte Bauchatmung und den notwendigen Druck des Bauches.

Wissenschaftliche Untersuchungen zeigen, daß in dieser Stellung das Schaukeln des Körpers auf ein Minimum reduziert ist und Unbeweglichkeit am längsten durchgehalten werden kann. Die Muskelspannung ist geringer als in jeder anderen Haltung außer beim Liegen; daher ist der Energieverbrauch sehr gering. Die Veränderung der Blutzirkulation, die gleichzeitig durch den Druck auf die Oberschenkel sowie durch die verlängerte Ausatmung bewirkt wird, reguliert den Blutdruck. Wir lesen in älteren Zen-Berichten, daß viele Zen-Mönche sich während Monaten und manchmal sogar Jahren nicht zum Schlafe niederlegten. Wir finden auch viele Berichte darüber, daß Mönche in dieser Stellung gestorben sind. In einigen seltenen Fällen sind Leichen von Mönchen in sitzender Stellung sogar in Mumien verwandelt worden.

Erscheinungen wie die eben genannten zeigen sich sonst nicht bei gewöhnlicher Ruhestellung. Sie beweisen, daß die Körperhaltung des Zazen den Körper in gutem Gleichgewicht hält. Geübte Zen-Mönche bewegen sich dabei wenig; dies beweist, daß die Stabilität des Geistes mit der physischen Stabilität Hand in Hand geht.

b) Regelung des Atmens: seit undenklichen Zeiten wurde in Indien Atemkontrolle geübt. Das Sutra der Ein- und Ausatmung beweist die Bedeutung, die der Atemtechnik in der buddhistischen Tradition beigemessen wurde.

Unter den vegetativ gesteuerten Funktionsabläufen ist die Atmung teilweise autonom, aber teilweise dem Willen untergeordnet und kann durch den Willen ziemlich leicht kontrolliert werden. Die Atmung soll äußerst ruhig vor sich gehen, das Einatmen sich als Entspannung vollziehen, während das Ausatmen mehr unter Kontrolle steht. Zu Beginn konzentriert man im allgemeinen Gedanken und Aufmerksamkeit auf das Atmen; nach einiger Zeit aber verliert sich diese Aufmerksamkeit; wir erklären dies so, daß man gewissermaßen «selbst zum Atem wird». Dies ist die wichtigste Erscheinung im ganzen Prozeß der Atemregelung, die zur Regelung des Geistes führt.

Durch Atemkontrolle ist es auch möglich, indirekt auf andere vegetativ gesteuerte Organsysteme Einfluß zu nehmen wie z. B. auf das Herz-Kreislauf-System, das mit der Atmung in engem Kontakt steht. Atmung und Blutkreislauf, die ein rhythmisches Ganzes bilden, beeinflussen sich gegenseitig.

Beim Zazen nun wird der Atemrhythmus regelmäßiger und feiner, die Ausatmung im Verhältnis zur Einatmung noch länger als bei unkontrollierter Atmung, der Sauerstoffverbrauch nimmt ab, die partiellen Gasdrucke ändern sich und damit auch der Säure-Basen-Haushalt. Es kommt zu den verschiedensten Veränderungen des Vegetativums, unter anderem normalisiert sich der Blutdruck, die Hirndurchblutung sinkt, während die Durchblutung des übrigen Körpers verbessert wird; der Grundumsatz sinkt unter sein normales Maß. All dies führt während der Zazenübung ausgehend von der Verfeinerung und Rhythmisierung der Atmung über das Herz-Kreislauf-System und das Vegetativum zu einem dynamischen Gleichgewicht aller Organe. Dieses Gleichgewicht kann allerdings leicht durch Ängstlichkeit oder durch andere geistige Probleme gestört werden; daher ist der innere Friede zu seiner Erhaltung unbedingt notwendig.

c) Regelung des Geistes: Wenn das organische Gleichgewicht durch innere und äußere Faktoren gestört ist, zeigt sich manchmal das Bedürfnis nach Beseitigung der Störung. Dies kann in zweifacher Richtung geschehen: nach innen und nach außen. Ein äußeres Bedürfnis kann jedoch niemals völlig zufriedengestellt werden: nach Erfüllung des einen stellt sich ein anderes in endloser Reihe ein... Bei der Wendung nach innen dagegen haben wir es mit dem Versuch zu tun, das geistige Gleichgewicht wiederherzustellen, aber Begehren und Wünsche wiederum stören dieses und führen zu einem Kreislauf ohne Ende.

Zen geht hier in ganz bestimmter Weise vor, um zum inneren Gleichgewicht zu gelangen. In der Zenpraxis geht man durch Ausschluß vor. Zunächst: Fallenlassen aller persönlichen und materiellen Bindungen, weiterhin: Fallenlassen von allem, was Gewohnheit und Kontakte mit andern betrifft, drittens: Ausschluß aller moralischen rationalistischen Urteile, viertens: Fallenlassen von Überlegung, Denken und innerer Einsicht, fünftens: Verzicht auf alle bewußten Wünsche und Begierden und endlich: Aufgabe selbst des Strebens nach Erweckung.

Da ist nichts weiter zu tun. («Law of contrivance».) Was bleibt, ist nur Sitzen und Atmen. (Law of concentration.) Wenn dies richtig geübt wird, so erscheint das wahre «Individuum», d. h. das «Selbst ohne Ich-Streben», und die erweckte Welt öffnet sich vor uns. Wissenschaftliche Untersuchungen der Hirnstromaktivität zeigen, daß die Vigilität und der Bewußtseinszustand während der Zen-Praxis sich positiv verändern. Wir haben es mit einem sehr klaren, erwachten Bewußtsein zu tun, das längere Zeit anhält. Es ist dann kein Anzeichen von geistigem Konflikt vorhanden; im Gegenteil, voller innerer Friede stellt sich ein. Dieser Zustand unterscheidet sich ganz offen von hypnotischer Trance.

Auf diese Beobachtungen gestützt, kann man annehmen, daß in der Zen-Praxis das richtige Gleichgewicht zwischen Schlaf- und Wachzustand hergestellt wird. Großhirn und Stammhirn arbeiten harmonisch. Dies bedeutet, daß während der Zen-Praxis das Gehirn ein besseres dynamisches Gleichgewicht hält als im allgemeinen.

Nach einem allgemeinen Gesetz ist das ganze System im Gleichgewicht, sobald von ihm abhängige Systeme («Untersysteme») im Gleichgewicht sind. Daraus können wir den Schluß ziehen, daß bei ausgeglichenen Nebensystemen unser gesamter psycho-somatischer Organismus während der Zen-Praxis besser als sonst im erwünschten dynamischen Gleichgewichtszustand ist.

Die Regelung des Körpers, der Atmung und des Geistes formen einen engen Bio-Feedback-Kreis. Durch ausgezeichnete Selbstkontrolle bildet sich so eine ideal ausgeglichene Persönlichkeit. Ich nenne dieses Merkmal einer ausgeglichenen Persönlichkeit, die im Gleichgewicht, in Übereinstimmung mit ihrem Selbst (self-identity) steht: «Beständigkeit der Persönlichkeit».

In der Kindheit ist das menschliche Ich nicht differenziert, doch im Laufe seiner Entwicklung erkennt das Ich (ego) die Folge vom Ich des Gestern und des Heute als zum selben Ich gehörig. Diese Tatsache bestimmt die Beständigkeit des objektiven Ich, während das subjektive Ich viel langsamere Fortschritte macht. Die Beständigkeit des subjektiven Ego entwickelt sich nicht gleichmäßig mit der emotionalen Anpassungsfähigkeit, das heißt der Selbstkon-

trolle. Wenn ein Mensch die höchste Stufe der Selbstkontrolle erreicht, das heißt, wenn er die ich-bestimmte Begierde von Körper und Geist verläßt, so kann er endlich die
höchste Beständigkeit der Persönlichkeit erreichen.

Zen-Praxis enthält nichts, das im Gegensatz zur Wissenschaft stünde. Daher kann sie leicht zum Gebrauch in
Psychotherapie und Medizin benützt werden. In der Tat ist
sie bereits in umgeformter Weise angewendet worden. Das
beste typische Beispiel solchen Gebrauchs ist die Morita-
Therapie in Japan, die auf eine erfolgreiche Geschichte
eines halben Jahrhunderts zurückblickt.

Was jedoch die Regulierungsmethoden betrifft, so
unterscheidet sich Zen von Hypnose, autogenem Training
und ebenso von Psychoanalyse im allgemeinen, Logothera-
pie und Existentialanalyse usw.

(Professor Akishige gelangt hier an die Grenzlinie, an
der sich «reines Zen» und verzwecktes Zen berühren. Für
unseren japanischen Wissenschaftler bildet eine solche Anwendung anscheinend kein Problem, zumal er zwischen
Zen als solchem und Zen als Mittel zum Zweck unterscheidet; dies geht aus seinen späteren Worten hervor. Für uns,
Menschen des Westens, ist eine klare Unterscheidung von
höchster Notwendigkeit, zumal, wie man wohl sagen darf,
ein bestimmtes Zen-Gefühl dem Japaner angeboren wurde,
während uns ein solches zunächst fremd ist.)

Die praktische Zazen-Haltung ist (heute) nicht das
Monopol des Zen-Buddhismus. Heute wird sie auch von
Katholiken benutzt. Außerdem findet sie Anwendung in
der Erziehung, in der Arbeit und im Sport. Wie kommt es
nun, daß völlig verschiedene Welten auf ein und derselben
Form der Zen-Praxis aufbauen?

Der Grund besteht in den verschiedenen Motivationen, die die Praktiken bestimmen.

Was liegt also hinter der reinen Zen-Praxis? Es ist die Lehre vom Nicht-Ich oder der Gedanke der «Nicht-heit» (nothingness), der jeden festen Standpunkt verneint. Das Zen Meister *Dogens,* das in Japan vervollkommnet wurde, verneint sogar das Suchen nach Erleuchtung. Denn Erleuchtung ist nicht eine Sache, die durch «Zazen» als Mittel gewonnen werden kann. Es existiert bereits im «Zazen» als Selbstzweck. Daher sind Praxis und Erleuchtung nicht zwei Dinge, sondern eines. Erleuchtung ist nicht etwas, das man in der Zukunft suchen kann; die Menschen befinden sich bereits in diesem Augenblick in der Welt der Erleuchtung, wenn sie sich auch nicht dieser Tatsache bewußt sind. Da es in der Welt des Zen keine dualistischen Ideen gibt, besteht hier kein Grund zu einem ideologischen Konflikt. Der Zen-Weg wird zu einem Ende der Kämpfe in der Welt führen und der ganzen Menschheit Glück bringen.

(Kommentar: Professor Yoshiharu Akishige verwendet den Ausdruck «Erleuchtung» [enlightenment] für «Satori», das in diesem Buche sonst mit «Erweckung» wiedergegeben wird. Er drückt es nicht eigens aus, jedoch geht, wie bereits erwähnt, aus dem Zusammenhang seiner Beweisführung die Unterscheidung hervor, die zwischen Zazen als unverzweckter Praxis auf Grund der Buddhalehre und Zazen als angewandter Technik besteht, die wohl Teilresultate zu zeitigen vermag, die jedoch nicht mit dem zweckfreien Zazen gleichgesetzt werden kann.)

(Anmerkung: Die eingeklammerten Sätze sind zur Erklärung vom Autor eingesetzt.)

VII. DRITTE BESINNUNG:
DER LEERE KREIS

Vor mir liegt eine Anzahl von Abbildungen; Wieder-
gaben ein und desselben Gegenstandes, nach den mit Tusche gezeichneten Originalen (gesammelt von Zenkei Shibayama Roshi, dem Zenmeister der Rinzai-Richtung am
Nanzen-ji-Tempel in Kyoto).

Die Darstellung könnte kaum einfacher sein; jeweils
ein frei mit der Hand gezogener, leerer Kreis. Manchmal
wurde eine sorgfältige Rundung versucht und erreicht, andere Kreise sind schief, zur Ellipse verzogen, manche wurden mit schwerem, dickem Pinselstrich hingeworfen, manche sind besinnlich nachgezogen, manchmal wurde in zwei
Schwüngen gemalt; gelegentlich schloß sich der Kreis gar
nicht richtig und blieb Andeutung, Forderung nach forma-
ler Vollkommenheit.

Am Rande der Kreise, jeweils neben dem Namenssie-
gel des Verfassers, ein paar Aufzeichnungen in Ideogrammschrift, mehrere Worte, ein ganzer Satz. Die Zeichnungen
und ihre Kommentare erstrecken sich über drei Jahrhunderte; soweit feststellbar, stammt der erste Kreis aus dem
Jahre 1681, der jüngste von 1944.

Die Autoren sind verschiedene Zen-Meister, angefan-
gen von *Hakuin* Ekaku (1685–1768); Gründer der modernen Richtung der Rinzai-Schule, einer der ganz wenigen
Schriftsteller und Dichter unter den Meistern.

Was der leere Kreis als Bild für eine Rolle spielt, wissen wir aus der bekannten Parabel vom verlorenen und wiedergefundenen Ochsen, die immer wieder Künstler zur

Darstellung in einer Serie von Bildern reizte, in Kreise oder in Quadrate eingeschlossen.

Grundthema ist immer das gleiche: der Hirte hat sein Tier verloren, er sucht und zähmt es mühsam. In einer der Bildfolgen ist der Ochse zunächst schwarz und gewinnt erst stufenweise seine weiße Farbe. Der Ochsenfang symbolisiert den Zen-Weg, die Suche nach dem verlorenen Selbst.

Gegen Ende der Geschichte kommt zunächst der Augenblick, da Hirte und Ochse versöhnt sind und das Tier vergessen wird: das Ziel ist erreicht, die Aufgabe erfüllt. Und doch ist noch nicht alles geschehen. Plötzlich erscheint das Bild des Nichts, also eines leeren weißen Kreises. Hier zunächst zwei Kommentare dazu.

Fumyo, der Maler, in dessen Bilderserie das Tier von Bild zu Bild immer weißer wird, sagt:

Mann und Ochs sind beide verschwunden,
man findet keine Spur von ihnen;
das frische Licht des Mondes
ergießt sich über das leere Universum;
will man diesen Zustand
der Seele verstehen,
so sehen wir nur
die aufgeblühten Blumen
der Felder an.

Für den Künstler schließt der Kreis die Serie seiner Ochsenbilder ab. Was jedoch nicht bedeutet, daß damit das Leben aufhört. Heißt es doch in dem bekannten Satz über den Zen-Weg in drei Stufen, daß Bäume, die nicht mehr Bäume seien, wenn wir mitten auf dem Wege sind (im «leeren Kreise»), sie würden aber später wieder Bäume, die Flüsse wieder zu Flüssen ... Das normale Leben geht für uns weiter, anscheinend genauso wie ehemals, *vor* der entscheidenden Erfahrung. Und doch ist es anders.

Andere Gestalter der Ochsenbilder führen ihre Serie *nach* dem Kreise damit fort, daß der Hirte, allein oder mit seinem Tiere, lachend, manchmal als fettleibige Karikatur dargestellt (wie chinesische Buddhabilder), sich wieder auf dem Markt und in den Geschäften unters Volk mischt als einer unter Seinesgleichen. Aber auch diese Künstler haben den einen Moment festgehalten, in dem die Welt stillsteht beim «völligen Verschwinden», das der Maler Kyotetsu mit den Worten deutet:

«Beide verschwinden.

Mann und Ochse verschwinden beide

und das Universum bleibt allein

wie ein leerer Kreis.

(Der leere Kreis bleibt allein.)»

Was dies bedeutet, ist einem jeden klar, der von Zen weiß. So ist es auch begreiflich, daß Zen-Meister immer wieder den leeren Kreis zeichnen und erläutern. Es ist dies eines der ganz wenigen Symbole, deren sich das Zen bedient, das sonst alles Symbolisieren und Allegorisieren ablehnt, indem es sagt: dies *bedeutet nicht,* es *ist* so.

Der Kreis hat fast sakrale Bedeutung. Die Tradition gebietet, daß nur Zen-Meister ihn zeichnen. Ich erfuhr dies, als ein nicht weit von Osaka lebender Maler mir anbot, mit seiner zauberhaft schnellen Technik in ein paar Minuten ein Motiv meiner Wahl zu malen. Ich bat um den Kreis, aber der Meister schlug es in liebenswürdigster Weise aus: Er selbst male alle Ochsenbilder, ausgenommen den Kreis...

Letzten Endes, wenn man sich genau hineindenkt, ist

der Kreis eigentlich gar kein Symbol; er ist für den Betrachtenden sozusagen ein psychologischer Brennpunkt; unausdrückbar, jedoch allem Erlebnis offen.

Dies erfahren wir auch, wenn wir die Deutungen lesen, die jeweils Zen-Meister ihrer Geste anfügen. Die weiße, von schwarzer Tusche umrahmte Scheibe wird – typisch Zen – eine Herausforderung für das Gegensätzliche, ein Fenster zum Absoluten, ohne das Absolute selbst zeigen zu können, zu wollen.

Natürlich drängen sich hier Begriffe auf wie: Satori, Buddha, MU (das erfüllte Nichts).

Selten aber werden sie bei Beschreibung des leeren Kreises von den Autoren gebraucht; so etwa ausnahmsweise:

«Buddha-Natur ist darin!» (aus dem Jahre 1797).

Gelegentlich steht das lapidare Wort «Mu» als Erklärung: Beide Erläuterungen stammen aus der 2. Hälfte des 18. Jahrhunderts, wie auch die folgende (1774), die an ein Wort von Altmeister Dogen mahnt:

«Wenn du das Satori erreichst, wirf es weg und lerne weiter.» Direkt und einfach klingt ein Kommentar aus dem Jahre 1838: «Zen schmeckt wie dies.»

Den Meistern war das Ideogramm des Kreises gleichzeitig selbstgestellte Aufgabe und Antwort; manchmal auch eine absichtlich verhüllende und verwirrende Frage, ein Koan, in der Art, wie wir sie aus hundert Zen-Geschichten kennen, wo dem naiv Fragenden ein Bein gestellt wird, über das er zu Fall kommen soll, etwa:

– Warum kam Bodhidarma aus Indien nach China? Die klassische Antwort lautet:

– Sieh die Zypresse dort im Garten...

Der Abendländer fragt sich nach dem Sinn solcher Umleitungsmanöver, die für das logische Denken irritierend sind. Die Antwort ist nicht ganz einfach, da solche Frage- und Antwort-«Spiele», in Büchern übersetzt, aus ihrem Bezugssystem genommen sind; sie behalten ihren Sinn nur innerhalb der engen traditionellen Gemeinschaft zwischen Meister und Schüler, mit den damit zusammenhängenden individuellen Nuancen von Fragendem und Befragtem. Dies ist wohl einer der Gründe, weshalb die Rinzai-Richtung, die mit Koans arbeitet, dem heutigen Abendland weit weniger zu entsprechen scheint als Soto. Die sozialen und psychologischen Gegebenheiten sind bei uns nicht vorhanden.

Was wir heute aus den verschlüsselten Kommentaren zum Leeren Kreise ersehen können, klingt wie eine Abweisung: Der Sinn übersteigt alles Erklärbare; es geht um etwas ganz anderes; auf das ähnlich wie auf die Frage nach dem Buddha nur unvollkommene, verneinende Antworten gegeben werden: Was ist der Buddha? Drei Ellen Flachs...

Man könnte vergleichsweise an die negative Theologie des Westens denken, die nur aussagen kann, was das Absolute (Gott) *nicht* ist, da selbst das Wort Existenz, auf ihn angewendet, unrichtig wäre (Pseudo-Dionysius). Dieses Wort wird von Thomas von Aquin zitiert.

Die Erklärung wird also auch verweigert, wenn es um den leeren Kreis geht. Altmeister Hakuin (1685–1768), eine der eigenwilligsten Gestalten des Zen, verstellt die Antwort mit der Strophe eines Volksliedes:

«Hamamatsu ist ein schöner Ort;
dort wächst ein guter Tee.

Auf, schicken wir unsere Tochter hin,
um Teeblätter zu pflücken.»

Aus der letzten Generation klingt ein ähnlich paradoxer Spruch auf, nämlich der Satz:

«Schneide dir nie die Nägel im Finstern!» (1944). Setzen wir den Gedanken fort: sonst schneidest du dir in die Finger. Dies bedeutet wohl nichts anderes als: «Verschwende nicht deinen Verstand an eine Aufgabe, die ihn übersteigt!»

Von ähnlicher Unerbittlichkeit zeugen andere Meistertests des «Kreises», wenn auch in einfachere Ausdrücke gehüllt:

So heißt es: «Kein Mönch kann da herausspringen!» (1906).

Oder aber als knappe Andeutung, daß es um Absolutes geht, folgende zwei konvergierende Kommentare, durch zwei Jahrhunderte getrennt:

Daido (1679–1752): «Sanft und vollkommen wie die Große Leere!» und

Dokutan (1840–1917): «Nichts ist außerhalb, nichts fehlt!» (Mit anderen Worten: Alles ist hier vorhanden, man kann nichts davon wegnehmen und nichts hinzufügen.)

Gelegentlich aber soll der Kreis zum Dialog anspornen:

«Was ist das?» fragt ein Meister des 18. und 19. Jahrhunderts (Fûgai, 1779–1847).

Noch dringlicher hört sich die Aufforderung an:

«Wenn hier überhaupt nichts ist, wo ist dann das Selbst?… Verstehst du? Antworte!»

Anderswo wieder wird der Schüler (und Beschauer

des Bildes) zur Zentralidee des Zen hingeführt; der Kreis, der auch an den Mond erinnert, ist mein Selbst, das «Große Ich» (mental cosmic):

«Mein Geist – er kann nicht mit etwas anderem verkettet werden... Natürlich, er ist wie der Herbstmond!» (Neizan, 1772–1838). Ein Zeitgenosse Neizans (Inzan, 1754–1817) drückt sich wörtlich fast genauso aus:

«Herbstmond! Er ist gleich irgend jemandes Geist!»

In der Literatur Japans erscheint, wie wir wissen, immer wieder der Mond und nicht die Sonne. So darf es uns auch nicht wundern, wenn der leere Kreis öfters mit dem Mond identifiziert wird.

Daidetsu (1828–1911): «Hier ist der Mond, und hier sind Blumen! Was für ein schönes Schauspiel!» ·

Hüten wir uns jedoch vor Symbolismus! Mondlicht und Blumen... Wie wundervoll ist alles, will wohl Daidetsu sagen, und nichts weiter. Das ist Zen, das innere, maßlose Erstaunen, die reine Freude, die «Lebens-Wirklichkeit» des «Selbst, das das Selbst auf das Selbst baut» (Kosho Uchiyama).

Demgegenüber wirkt, zwar ideenmäßig nicht entgegengesetzt, eine Kreiserklärung von 1789 äußerst nüchtern, wenn sie deutet:

«Die vier Allgemeinen Wahrheiten».

Es handelt sich bei den «Vier Maximen» um vier einfache, aus China stammende Regeln:

Übermittlung (des Zen) ohne Bücher,

sich nicht an Buchstaben klammern,

direkt auf den Sinn zugehen, und:

Erreichen der Buddhaschaft durch Ein-Sicht in seine eigene Natur. –

Wie gezeigt – dies fällt bei der Betrachtung der Kommentare auf –, können wir im Laufe der Zeit keine eigentliche Entwicklungslinie der Betrachtungsweise feststellen. Meister aus dem 17. und dem 20. Jahrhundert berühren einander ganz eng.

Der Kreis ist nichts Gegenständliches; er steht außerhalb der Reihe der Ochsenbilder, ganz für sich. Können wir sein «Nichts» als die Schwelle ansehen, an der sich die sichtbaren Phänomene brechen? In westlicher Sprache würde man sich vielleicht ausdrücken: als Tor zum Absoluten. Oder: als letzte Stufe der Erfahrungsmöglichkeit.

Ein Meister des 19. Jahrhunderts (Raisan) drückt dies, das «Erreichen» (attainment), mit Worten aus, die auch unserem Sprachgebrauch sehr nahestehen, wenn er vor dem Leeren Kreise ausruft:

«Durchgedrungen! Hindurchgeschaut!»

VIII. AUS DER ZEN-WERKSTATT

1. Anleitung zur Zazen-Übung

Eigentlich kann die Technik des Zen nicht im Selbstunterricht erlernt werden, sondern nur mit Hilfe eines Meisters. Für eine gewisse Zeit ist dessen Anleitung notwendig. Später kann man Zazen auch allein üben, jedoch ist es notwendig, soweit eben möglich, in regelmäßigen Zeitabständen an einer beaufsichtigten Sitzung teilzunehmen; die Kontrolle ist wichtig, da man selbst nie ganz sicher sein kann, die richtige Haltung und Atemtechnik zu beherrschen. Nachstehende Anweisungen sollen nur ein Behelf für Zen-Übende sein und können in keiner Weise den Meister ersetzen.

Falsches Üben vereitelt nicht allein jeden Erfolg von vornherein, sondern kann zu gesundheitlichen und sogar seelischen Störungen führen. Äußerlich gesehen ist Zazen ungemein einfach und leichter auszuführen als ein Sport. Die Auswirkungen sind aber viel gravierender, denn diese Übung wirkt sich auf den ganzen leib-seelischen Organismus aus. Daher ist es so wichtig, Zazen in richtiger Weise zu «sitzen».

Die Sitzhaltung

Zazen bedeutet: Sitzen in geistiger Versenkung.
Wie soll man sitzen?
Es gibt zwei wesentliche Haltungen: den vollen Lo-

tussitz (kekka) und den halben (hanka). Der Ausdruck
«Lotussitz» stammt aus der religiösen und künstlerischen
Tradition: In Skulptur und Malerei wird Buddha mit ver-
schränkten Beinen in einer Lotusblüte sitzend dargestellt.
Die Praxis dieser Haltung geht auf Jahrtausende vor Buddhas Geburt zurück und war auch im alten Ägypten bekannt, wie wir aus gemeißelten Wandbildern wissen. Unter den Ausgrabungen von Wikingerkunst in Norwegen
befindet sich ebenfalls als Ornament ein «Buddha» im Lotussitz.

Der volle Lotussitz ist für Europäer nicht leicht, es sei
denn, sie hätten ihn bereits im Yoga geübt. Er besteht darin, auf einem Kissen sitzend, den rechten Fuß, die Sohle
nach oben gewendet, auf den linken Schenkel zu legen und
umgekehrt, den linken Fuß in der gleichen Haltung auf
den rechten Schenkel zu legen.

Das allgemein Übliche ist für uns der halbe Lotussitz.
Dabei wird das rechte Bein, die Sohle nach oben, auf den
Boden gelegt, das linke Bein wird, die Sohle nach oben,
möglichst hoch auf den rechten Schenkel gelegt.

Während des Zazen können bei Ermüdung die Beine
gewechselt werden. Auf den Fußboden legt der Übende
eine weiche Unterlage, am besten eine gepolsterte Baum-
wolldecke, Zaniku genannt, oder eine Wolldecke, auf die er
die Knie stützt; es ist sehr wichtig, daß die Knie den Boden
berühren; um dies leicht zu erreichen, beugt man sich etwas
nach vorn, drückt mit der linken Hand die rechte Fußspitze
nach hinten und schiebt das Kissen, auf dem man sitzt, etwas weiter nach vorn. Die Knie müssen ständig auf dem
Boden bleiben, gleichsam in die Erde verankert, das
Rückgrat kerzengerade. Zu Beginn ist die Zazenhaltung

beschwerlich; man gewöhnt sich jedoch bald daran, vorausgesetzt, man übt regelmäßig.

Das Kissen

Das Kissen, auf dem man etwa zur Hälfte sitzt, heißt «Zafu». Es ist gewöhnlich rund, kann aber auch viereckig sein, etwa 9 cm hoch; es ist sehr wichtig, daß der Zafu mit einem widerstandsfähigen, ziemlich harten Material gefüllt ist, das sich nicht zusammendrückt; Schaumgummi und Bettfedern sind unbrauchbar, am geeignetsten ist Kapok.

Sollte der Übende allzu große Schwierigkeiten haben, die genannte Stellung einzunehmen, so kann das Kissen erhöht werden, oder es können mehrere Kissen aufeinandergelegt werden, wenigstens zu Beginn der Übungen bis zum Erreichen einer gewissen Technik, die im Einzelfall verschieden sein wird. Späterhin kann man ein Kissen nach dem anderen bis auf eines fortlassen.

Falls es wirklich unmöglich ist, richtig Zazen zu sitzen, gibt es mehrere Ersatzhaltungen, von denen hier die wichtigsten angeführt werden:

a) Die traditionelle japanische Sitzhaltung. Man kniet dabei mit geschlossenen Knien auf der Matte und legt ein Sitzpolster zwischen Fersen und Gesäß, um die Fersen zu entlasten (Diamant-Sitz).

b) Sollte es aus Gesundheitsgründen ganz unmöglich sein, eine der genannten Haltungen einzunehmen, so kann Zazen auf einem Stuhl mit gerader Lehne und einem Sitz, der nicht nach hinten geneigt ist, geübt werden. Ein Sitzpolster wird untergelegt; der

Rücken darf die Lehne nicht berühren; die Füße stehen auf dem Boden auf; die Beine werden parallel gehalten, bei Frauen eng geschlossen, bei Männern etwas gelockert.

Die genannten Ersatzhaltungen sollen nicht zur Gewohnheit werden. Man wende sie nur dort an, wo eine Lotushaltung absolut ausgeschlossen erscheint, etwa aus organischen Gründen wie Verletzungen oder Krankheiten. Wenn es sich um Anfangsschwierigkeiten handelt (wie etwa Knieschmerzen), so darf man sich nicht entmutigen lassen. Man versuche immer wieder, aus der «Ersatzhaltung» zum Lotussitz zurückzukehren. Nach längerer oder kürzerer Zeit wird dies erreicht werden. Vergessen wir nicht, daß die Vorschriften für die Einzelheiten des Zazen-Übens nicht willkürlicher Erfindung entsprungen sind, sondern daß unser Zazen von heute das Resultat von jahrhundertelanger Entwicklung und physiologisch begründet ist.

Die Körperhaltung

Für ein sinnvolles Zazen-Üben ist die richtige Körperhaltung außerordentlich wichtig. Der Oberkörper soll völlig gerade gehalten werden, jedoch so, daß der Schwerpunkt des Sitzenden in den Unterleib (Hara) unterhalb des Nabels verlegt wird. Es ist dabei wichtig, natürlich zu bleiben und keine künstliche, krampfhafte Spannung zu erzeugen. In diesem Punkt werden vielfach Fehler gemacht, die dem Zazen seinen Sinn nehmen. Einer der Fehler besteht in einer starren Haltung, die die Wirbelsäule unnatürlich nach rückwärts beugt: Die Fehlerquelle ist dabei entweder schlechte Haltung der Knie, oder man hat sich zu weit nach hinten gesetzt, manchmal ist auch das Sitzpolster zu dünn.

Ein zweiter Fehler, besonders bei Frauen häufig, ist allzu starkes Abbiegen nach hinten des untersten Teiles der Wirbelsäule. Oberflächlich gesehen, erscheint die Stellung korrekt, jedoch stellen sich bald stechende Schmerzen ein, während bei richtiger Haltung nach einiger Übung keinerlei Unbehagen gefühlt wird.

Der häufigste Irrtum, der beim Zazensitz gemacht wird, ist ein nach vorn gebeugter Rücken: das Rückgrat krümmt sich, das Körpergewicht ist schlecht verteilt, da die Knie den Hauptteil zu tragen haben; Schmerzen treten auf, ebenfalls im Rücken, da die Lendenmuskeln dabei rasch ermüden. Gewöhnlich wird in solchen Fällen die Zazen-Haltung als unerträglich bezeichnet. Es sind aber nur die Haltungsfehler, die sie unerträglich machen. Das Beugen nach vorn kommt gerade beim abendländischen Menschen häufig vor, wohl als Folge unserer vorgeneigten Haltung bei vielen Berufsarbeiten.

Zusammenfassend läßt sich sagen: Die Körperhaltung beim Zazen soll sein «wie eine Tanne»; der Kopf muß gerade gehalten werden, das Kinn nicht vorgestreckt, sondern leicht eingezogen; ein vorgestrecktes, nach oben gerichtetes Kinn, die bekannte «Habtachtstellung», ist Ausdruck von Aggressivität und dem Zen völlig entgegengesetzt. Bei eingezogenem Kinn soll der Kopf nicht seitlich oder geneigt, sondern ganz gerade gehalten werden; die Schultern fallen ganz natürlich; Nase und Nabel sollen, wie Altmeister Dogen sagt, senkrecht übereinander liegen; der

Unterleib ist völlig entspannt. Jede Verkrampfung und Versteifung ist zu vermeiden. Um dahin zu gelangen, kann es nützlich sein, sich bei Beginn der Zazen-Übung, von der Stirn ausgehend bis zu den Füßen, alle Körperteile der Reihe nach aufgelockert durchzudenken.

Um die richtige Körperhaltung und die Voraussetzung zu richtigem Atmen zu erhalten, muß man sich bei Beginn der Übung vergewissern, daß der Unterleib völlig unbehindert ist, also frei von beengenden Gürteln, Knöpfen, auch von Gummibändern.

Um in die richtige Gleichgewichtshaltung zu gelangen, ist es üblich, vor Beginn der eigentlichen Versenkung den Körper von links nach rechts und umgekehrt etwa sieben *Pendelschwingungen* machen zu lassen, wobei die Hände auf den Schenkeln aufruhen, die Handflächen nach oben, die Finger leicht gekrümmt, die Daumen in die Handfläche gelegt.

Nach Beendigung des Zazen wird dasselbe zur Entspannung gemacht, ebenso vor und nach einer Pause im Zazen (Kin-hin).

Die Haltung der Hände

Die linke Hand, die Handfläche nach oben, ruht auf der Handfläche der rechten Hand. Die Daumen berühren sich leicht; sie liegen in einer horizontalen Linie; nicht nach oben strebend, was auf innere Spannung hindeuten würde; auch nicht nach unten fallend, was Unaufmerksamkeit und Müdigkeit anzeigt. Die Arme liegen zwanglos am Körper an, und die Hände, in der angegebenen Verschränkung, werden an den Unterleib unterhalb des Nabels gelegt. Man kann diese Handstellung auf den Buddha-Statuen beobachten. Von vorn gesehen, zeigt sich ein ovalförmiger Hohlraum, der zwischen den Daumen und den Händen gebildet wird, «kosmische Mudra» genannt. Das bewußte Anlegen der Hände an den Unterleib ermöglicht das natürliche Geradehalten der Schultern; dazu trägt auch das genannte «eingezogene» Kinn wesentlich bei.

Mund und Zunge; Atmung

Der Mund bleibt ständig geschlossen, die Lippen berühren sich leicht und deuten schwach ein Lächeln an, die Zähne liegen aufeinander, die Zunge berührt den Gaumen hinter der oberen Zahnreihe; zwischen Zunge und Gaumen soll kein Hohlraum bleiben. Man atmet durch die Nase. Die Atemtechnik des Zen ist verschieden von jener des Yoga sowie jener, die im allgemeinen für Gesang und gymnastische Übungen gelehrt wird.

Beim Zen wird größter Wert auf eine richtige *Atemtechnik* gelegt. Es heißt, durch tiefes, ruhiges Ein- und Ausatmen werde der Geist klar wie der wolkenlose Himmel, und man gelangt zu jenem «Nicht-Denken», welches das Alpha und Omega des Zazen ist.

Es gibt mehrere Arten von Atemtechnik des Zazen. Als Grundsatz gilt bei allen, daß die Atmung so natürlich wie möglich sein soll. Das Ausatmen möge weitaus länger sein als das Einatmen.

Es wird nicht geraten, die Atemzüge zu zählen, da dies eine Ablenkung vom «Nichtdenken» bedeuten würde.

Im Soto-Zen ist daher diese Technik nicht üblich. Die richtige Atmung kann nicht von einem Tage zum anderen erlernt werden und erfordert lange Übung. Dazu memoriere man jeweils folgende Regeln: sich der Atmung voll bewußt zu sein; – das Einatmen natürlich, ohne jede Anstrengung, passiv, anzunehmen; – das Ausatmen wesentlich länger zu halten als das Einatmen; – geräuschlos ein- und auszuatmen; – beim Ausatmen sich auf den «Hara» (oder Tanden), also auf den Leib unterhalb des Nabels konzentrieren und die Bauchmuskeln kräftig drücken; der Unterleib spannt sich etwas (keine übermäßige Wölbung) und wird dabei hart.

Es ist ratsam, die Anweisungen eines Zen-Meisters in diesem Punkt strikt zu befolgen, um sich nicht etwas Falsches und sogar Schädliches anzugewöhnen.

Kontrolle des Blickes

Die Augen sollen nicht geschlossen werden, da sich sonst Schläfrigkeit einstellt, was die ganze Übung wertlos machen würde. Das wäre, wie man sagt, ein «totes Zazen». Der Blick richtet sich, ohne etwas zu fixieren, also gleichsam «blicklos», auf eine Stelle auf dem Fußboden, etwa einen Meter vom Auge entfernt. Der Blickpunkt soll nicht wechseln, sondern unbewegt bleiben.

Weitere Einzelheiten der Zazen-Praxis:

Der Ort

Der Ort, an welchem geübt wird, kann jeder beliebige Raum sein. Es ist am besten, sich in einer Entfernung von etwa 80 cm vor eine Wand zu setzen, das Gesicht zur Wand gekehrt. Anstelle der Wand kann sich auch ein Vorhang befinden oder sonst eine möglichst einfarbige Fläche, welche die Aufmerksamkeit nicht auf sich zieht. Nach Möglichkeit sind Geräusche auszuschalten, wie Stimmen, Radio, Musik.

Wenn es unmöglich ist, Geräusche zu verhindern, so versuche man, sich innerlich damit zu identifizieren, sich zu sagen, daß man z. B. jenes Klopfen, jene Rufe vor dem Fenster als notwendig annimmt; dadurch entrückt man diese störenden Elemente bald der Aufmerksamkeit; man «hört sie, ohne zu hören».

Die Zeit

Die beste Zeit zur Übung ist der frühe Morgen, unmittelbar nach dem Aufstehen, weil da der Geist noch nicht mit den Eindrücken des Tages erfüllt ist. An sich kann zu jeder Tages- und Nachtstunde geübt werden, jedoch nicht unmittelbar nach Mahlzeiten oder nach Genuß von Alkohol und Kaffee, da dies die Konzentration erschwert.

Für das Zazen-Üben ist es außerdem ratsam, keine

schwere Nahrung zu sich zu nehmen, also wenig Fett und Fleisch, ebenso nicht allzuviel Flüssigkeit. Während eines Zen-Sesshins benötigt der Körper nur etwa 1000 Kalorien pro Tag. Ungeschälter Reis, Gemüse, Salate, Obst, auch Eier und Fisch, mit einem Wort, leichte Nahrung, fördern das Zazen.

Wie lange soll geübt werden?

Als Mindestmaß für Einzelübungen nehme man sich eine halbe Stunde pro Tag vor. Man wird dies vermutlich nicht von Anfang an erreichen, sondern sich zunächst mit einer Viertelstunde oder sogar zehn Minuten zufriedengeben müssen. Dogen sagt: «Wenn jemand auch nur 20 Minuten lang Zazen übt, so ist es, als ob der ganze Erdkreis Zazen machte.» Die Kontrolle der Übungszeit macht man am besten mit einem Kurzzeitwecker (Eieruhr). Um nicht vom Ticken gestört zu werden, stellt man die Uhr in eine gewisse Entfernung, z. B. in einen Nebenraum oder unter eine Decke, so daß man nur das Läutesignal· hören kann, welches das Ende der Übung anzeigt.

Die Kleidung

Als Kleidung wähle man bequeme, vor allem die Beine nicht behindernde Kleidungsstücke, z. B. Kimono, Schlafrock, Trainingsanzug oder etwas Ähnliches. Während des Übens entwickelt sich körperliche Wärme, daher sollen die Kleidungsstücke nicht allzu warm sein. Die Temperatur des Raumes soll niedrig, die Beleuchtung gedämpft sein.

Es ist viel leichter, Zazen in Gemeinschaft zu üben als

allein. Dabei darf man aber einander nicht stören. Man muß vollkommen geräuschlos ein- und ausatmen.

Die innere Haltung

Beim Zazen-Üben sind dreierlei Punkte von besonderer Wichtigkeit:

Die Haltung des Körpers,
die Atmung und
die innere Einstellung.

Eines bedingt das andere. Ein krummgehaltener Rükken z. B. erzeugt Stumpfheit und Müdigkeit; falsches Aus- und Einatmen desgleichen. Wie soll die innere Einstellung beim Zazen sein?

Oft wird das Wort Meditation gebraucht. Dieses ist jedoch im Falle des Zazen zu vermeiden. Im deutschen Sprachgebrauch bedeutet es: sinnende Betrachtung; man denkt an die Betrachtung eines Gegenstandes, einer Idee, an eine religiöse *Vorstellung*. Nichts von alledem kommt beim Zen in Frage, daher sagen wir: *Versenkung*.

Woran soll während der Übung gedacht werden?

Schon die Frage ist falsch gestellt. Es geht darum, alle Gedanken auszuschalten und dabei dennoch völlig wach zu bleiben. Wenn ein Vergleich gegeben werden darf: Der Übende ist wie eine Maschine, die auf vollen Touren läuft, jedoch nichts produziert.

Damit ergibt sich bereits die Antwort auf die Frage nach dem Zweck des Zazen. Wir sind daran gewöhnt, unsere sämtlichen Handlungen und Gedanken verzweckt zu sehen: als Mittel zur Gewinnung von Gütern, von Erkenntnis, von Freude, von Wohlbefinden, sei es auch auf dem Umweg über den Schmerz. Unsere freisteigenden Gefühle wie Liebe, Haß, Lust, Unlust tragen schon ihren Zweck in sich. Nichts dergleichen finden wir im Zazen, im Akte der Versenkung. Wenn wir ihn vollziehen, um uns zu vervollkommnen, um seelisch weiterzukommen, um besser zu werden, um zu gesunden, zur Erleuchtung zu kommen, kurz, aus irgendeinem konkreten Grunde, so ist dies schon ein Irrtum. Zazen ist Zweck an sich. Die Folgen, die sich einstellen, so wertvoll sie sein mögen, dürfen nicht gewollt sein. Dies ist anfangs für Außenstehende fast unverständlich. Es läßt sich das Verständnis dafür praktisch *nur durch Üben* erreichen. Wenn jemand auch die gesamte Zen-Literatur kennen würde, so wäre er, wenn er nicht selbst übt, um keinen Schritt weitergekommen. Eine Philosophie kann man erlernen, eine Politik, eine Moral ebenfalls; eine Religion kann man, auch ohne ihre Tiefen ganz zu begreifen, willens- und verstandesmäßig in sich aufnehmen.

Die Zen-Versenkung ist nichts von alledem.

Sie fordert von uns das Schwerste: den *Ausschluß der Gedanken*; ein Leermachen unseres Geistes, im Zen «KU» genannt, das heißt Leere. Die Gedanken, die sich immer wieder einstellen, dürfen aber nicht gewaltsam abgedrängt werden; herankommen lassen, ihnen jedoch nicht folgen, sie bloß beobachten, sagen die Meister. Wenn wir unsere Gedanken und Vorstellungen während des Zazen bekämpfen, so schaffen wir einen Konfliktstoff: das Gegenteil von dem, was wir tun sollen; die Konflikte unseres ICH müssen aufgelöst werden. Das ICH «verdünnt sich», verschwindet als Objekt; wir gelangen in einen Zustand des Nicht-Ich, was nichts mit Bewußtseins-Verminderung zu tun hat.

Welches sind, abgesehen von den physischen Grundbedingungen, die Mittel, sich von Gedanken zu lösen? An irgend etwas müsse man doch denken, wird oft eingewendet. Gewiß gibt es Hilfsmittel. Hier einige davon:

Zunächst unsere innere Einstellung, *bevor* wir Zazen üben. Lösen wir uns von allen unseren Sorgen, Trieben, Wünschen, Ängsten, von allem Persönlichen, von Haß wie von Liebe, von Gutem wie von Schlechtem. Wenn wir uns niedersetzen, legen wir unter einer Verneigung unsere *Handflächen aneinander,* zum Zeichen, daß wir uns mit dem ganzen Universum eins fühlen wollen. Diese Bewegung, Gasshó genannt, die in der Zen-Tradition fortwährend wiederkehrt, ist bereits ein Zeichen unserer inneren Demut, unserer Entselbstung. Lassen wir vor allem alle Gefühle von Feindschaft, Neid, Rachsucht verschwinden, sonst ist unser Zazen völlig sinnlos. Sich öffnen, sich nicht verschließen; geben, verlieren, nicht an sich raffen wollen, nicht nehmen wollen ... aus diesen Grundgefühlen soll sich unsere Übung entwickeln.

Wenn Gedanken aufsteigen, fixieren wir unsere körperliche Stellung, wie wir sie gelernt haben; kontrollieren wir uns ständig! Die Aufmerksamkeit innerlich auf den linken Daumen richten ist z. B. ein bewährtes Hilfsmittel. Bei aufkommender Müdigkeit und Schmerzen in den Knien richten wir unsere Aufmerksamkeit mit Ausdauer auf unsere Nasenwurzel; die Schläfrigkeit und die Schmerzen gehen zurück.

Vergessen wir auch nicht, daß Zazen kein Mystizismus ist.

Es kommt bei ausgedehnten Zazen-Übungen vor, daß Visionen auftauchen, Farben und Geräusche sich zeigen. All dies sind in uns entstehende Einbildungen und Illusionen, denen wir kein Gewicht beimessen dürfen. Sie verschwinden später wieder. Ebenso gehört es zu den sogenannten Zen-Krankheiten, man zählt deren etwa fünfzig, daß wir innerlich ungemein empfindlich werden. Manche vergießen Tränen, andere werden von Lachkrämpfen geschüttelt. Auch solchen Erscheinungen ist keine Bedeutung zuzumessen. Ebenso unbedeutend ist es, wenn sich beim Zazen ein berauschendes Gefühl der Einheit mit dem All einstellt; auch dies ist noch Einbildung. Was soll also, diese Frage drängt sich hier noch einmal auf, mit Zazen erreicht werden? Was geschieht mit uns, wenn wir in traditionsmäßiger, vorgeschriebener Weise Zazen üben?

Die Antwort ergibt sich von selbst aus der erlebten Wirklichkeit des Zen. In Worten umschrieben: Wir gelangen zu unserem wahren Ich, wir kommen zur Selbstverwirklichung; wir erkennen uns selbst. Nicht logisch und gedanklich, auch nicht rein gefühlsmäßig, sondern in einer Umwandlung, die unser Verhalten zum Leben, zu unseren Problemen, zu den anderen Menschen wesentlich ändert und neu bestimmt. In der Zen-Literatur lesen wir den Ausdruck «Satori», das oft mit «Erleuchtung» übersetzt wird. Dies führt leicht zu falschen Vorstellungen. Die Richtung oder Schule des Zen, der wir hier folgen, das SOTO, sagt meist dafür: «Erweckung». Es geht für uns nicht darum, in Form eines «Wunders», eines plötzlichen Erlebnisses zu einer neuen Weltschau zu gelangen. Solche plötzlichen Einbrüche ins Seelische sind möglich, jedoch dürfen sie nicht eigens angestrebt werden. Wer ernstlich Zazen übt, so wird uns gelehrt, *steht* schon in der Erweckung und besitzt Satori. Natürlich gibt es auf diesem Wege unendlich viele Stufen. Zen ist ein mühevoller Anstieg, bei dem es keinen Stillstand gibt, solange wir leben.

Übung in Gemeinschaft

Falls Zazen in Gemeinschaft geübt wird, kommen noch bestimmte Regeln hinzu, die wir hier angeben. Es mag den Menschen des Westens manches daran zu Beginn etwas befremden; man fragt sich manchmal, ob denn diese oder jene Einzelheit unbedingt notwendig sei. Die Antwort ist einfach: Zen in seiner heutigen Form sieht auf eine viele Jahrhunderte alte Entwicklung zurück. Dabei haben sich, ähnlich wie in jeder gesellschaftlichen Institution, gewisse Regeln und Gebräuche geprägt, die wir eben, zumal sie nicht widersinnig sind und sicher vielfach ihren berechtigten Grund haben, einfach als «Spielregeln» annehmen.

Der *Raum*, in welchem Zazen geübt wird, heißt «Dojo» oder «Hondo» (sprich «Doscho» mit stimmhaftem «sch»). Er ist mit Matten ausgelegt, in Klöstern mit erhöhten hölzernen Pritschen ausgestattet, auf welchen für jeden Teilnehmer sich ein Sitzpolster (Zafu) befindet, das meist auf einer, etwa einen Quadratmeter großen, flachen Matratze oder Decke (Zaniku genannt) liegt. Vor dem Eintritt werden die Schuhe ausgezogen und parallel nebeneinander an den Eingang gestellt, und zwar mit der Spitze nach außen, zu der vom Dojo abgewandten Seite. Der Eintritt soll ohne Hast erfolgen, wie überhaupt jede Bewegung würdig und bewußt ausgeführt werden soll. Man betritt den Raum mit dem linken Fuß, man verläßt ihn mit dem rechten.

Bevor der Übende Platz auf seinem Kissen nimmt, an das er von links herangeht, hebt er, zur Wand gewendet, die Hände zum genannten Gasshó; die Handflächen aufeinandergelegt und eine Verneigung, was mehr als ein Gruß sein soll; es bedeutet Ausdruck der inneren Sammlung und der Verbindung mit dem All.

Im Dojo wird, soweit dies möglich ist, der Raum nie durchquert, sondern in der Richtung des Uhrzeigers den Wänden entlang durchschritten. Jeder beschäftigt sich mit sich selbst; der Blick bleibt gesenkt; Grüße und Gespräche sind zu unterlassen.

Auf ein dreifaches Glockenzeichen hin beginnt, nachdem jeder einige Schaukelbewegungen mit dem Oberkörper ausgeführt hat, um sich bequem zu setzen, die Zazen-Übung.

Der Zen-Meister kontrolliert die Übenden und korrigiert schlecht ausgeführtes Zazen. Er trägt einen am Ende flachen Holzstab, den Kyosaku, der zur Korrektur dient und mit welchem er gelegentlich einen Schlag oder auch zwei Schläge auf die Nackenmuskeln erteilt, rechts und links vom Halse. Dies ist keine Züchtigung oder Demütigung, sondern eine Aufmunterung, eine Befreiung. Die getroffenen Muskeln sind Stellen, die auch für die Akupunktur wichtig sind und an welchen sich etwa 50 Nervenenden treffen.

Das Wort «Kyosaku» ist aus den Worten: «Kyo» = Aufmerksamkeit und «Saku» = Stab zusammengesetzt. Der mit dem «Stabe zur Weckung der Aufmerksamkeit» gegebene Schlag dient zur Konzentration des

Übenden: bei Anwandlung von Müdigkeit, bei Zerstreuung, bei starker Nervosität. Es ist wichtig, daß Gebender und Empfangender ihre Gesten dabei harmonisieren; beide sollen während des Schlages ausatmen; das Gesicht des Übenden wendet sich jeweils natürlich von der Schulter ab, die den Schlag empfängt; dadurch straffen sich die entsprechenden Halsmuskeln, und der Schlag wird wirksamer.

Der Meister berührt zunächst leicht die Schulter des Adepten. Dieser verneigt sich mit Gasshó und beugt den Kopf zunächst nach links, sodann nach rechts, um die Schulter freizugeben. (Es ist geraten, während des Zazen keine Halsketten zu tragen, da diese beim Schlage zerbrechen könnten.) Nach Empfang der Schläge verbeugt sich der Übende noch einmal; er verneigt sich auch und hält die aneinandergelegten Hände hoch, wenn er den «Kyosaku» zu empfangen wünscht. Einen solchen Wunsch soll man nur äußern, wenn man die Notwendigkeit dazu fühlt: Der Kyosaku ist eine Medizin und kein Zeitvertreib.

Während der Übungen soll der Raum nicht verlassen werden. In dringenden Fällen verbeugt sich der Adept zunächst gegen die Wand und dann gegen den Zen-Meister und verläßt geräuschlos seinen Platz und den Raum. Er kehrt erst in der nächsten Pause zurück.

Das Ende der Zazen-Zeit wird durch Glockenzeichen und das Wort des Meisters: «Kajdscho!» (aufstehen) angekündigt. Wieder wird Gasshó gemacht, und vor dem Aufstehen werden die Entspannungsbewegungen ausgeführt. Alle stehen auf, grüßen den Meister und ebenso ihren Nachbarn mit zusammengelegten Händen. Hierauf wird der Dojo in gesammelter Haltung verlassen.

Beim Betreten und beim Verlassen des Raumes verneigt man sich gleichfalls.

Zur Entspannung der Glieder, vor allem der Knie und Füße, ist es üblich, die Zazen-Stunde durch eine etwa zehn Minuten dauernde Gehübung, *Kin-hin* genannt, zu unterbrechen. Der Ausdruck ist dem Hin und Her des Weberschiffchens entnommen. Die Zen-Übenden bewegen sich (beim Soto-Zen äußerst langsam) im Gänsemarsch an den Wänden entlang. An den Ecken wird eine scharfe Drehung im rechten Winkel gemacht. Das Gehen erfolgt in Uhrzeigerrichtung. Gutes Kin-hin zu üben, gilt als schwierig. Der Beginn wird durch zwei Glockenzeichen, oft auch durch die Bemerkung des Meisters: «Kin-hin!» angekündigt.

Hier in kurzem die Beschreibung der Übung:

Man schließt die linke Hand, den Daumen auf die Handfläche gedrückt, letztere nach unten gerichtet; die Hand, bzw. jetzt die Faust, wird auf den Magen gelegt, so daß sich die Daumenwurzel in Kontakt mit dem Körper befindet. Die rechte Hand wird auf die linke gelegt; sie umschließt, leicht gewölbt, den linken Handrücken. (Diese Haltung wird «Ischu» genannt.) Die Vorderarme bilden eine horizontale Linie. Der Blick richtet sich schräg nach vorn dem Boden zu, in etwa 3 Meter Entfernung. Die Augen sollen nicht umherschweifen.

Man setzt den rechten Fuß einen halben Schritt vor. Der Fuß wird bei der Bewegung des Niederlassens zunächst an seinem äußeren Rande aufgesetzt, sodann verlegt sich das Gewicht auf die Wurzel der großen Zehe, und der ganze Fuß wird schließlich aufgesetzt, gewissermaßen im Boden verankert. Die Gedanken konzentrieren sich auf die große Zehe und auf den linken Daumen.

Während des Aufsetzens des Fußes streckt sich das Bein, das Schwergewicht wird darauf verlagert, das Knie durchgedrückt, der Rücken gestrafft. Das Kinn bleibt immer leicht eingezogen, die Schultern natürlich abfallend. Man muß den Eindruck haben, als wollte man mit dem Kopf an die Zimmerdecke stoßen.

Geatmet wird durch die Nase. Das Einatmen erfolgt, während man den Fuß hebt. Sobald dieser niedergesetzt wird, beginnt die Ausatmung, die viel länger sein soll als das Einatmen. Dabei drückt man die Bauchmuskeln nach unten, als wolle man die Luft in den Unterleib (Hara) pressen (was natürlich nur ein Bild ist).

Nachdem man völlig ausgeatmet hat, folgt ein Augenblick Entspannung. Sodann beginnt der gleiche Vorgang mit dem anderen Fuß: Heben, Einatmen, Niederlassen, Ausatmen.

Im übrigen gelten dieselben Regeln wie für Zazen; die Versenkung wird die ganze Zeit fortgesetzt. Während des Kin-hin dürfen die Füße nicht auf der Matte geschleift werden. Sollten während des Zazen die Füße oder die Beine eingeschlafen sein, so wird es gut sein, durch eine ganz rasche Massage und ein paar kräftige Schläge vor dem Kinhin die Blutzirkulation wieder in Gang zu bringen, damit der Rhythmus der Übung nicht unterbrochen werde. Ein Zen-Meister sagte, Kin-hin müsse sein wie der Gang eines Elefanten oder einer Ente: langsam und bedächtig, den Schwerpunkt in den Unterleib verlagert.

Das Ende des Kin-hin wird durch ein Glockenzeichen angedeutet. Sodann erfolgt (unter Beibehaltung der Hand- und Armhaltung) eine tiefe Verneigung. Unmittelbar darauf werden die Hände flach auf den Magen gelegt, die rechte Hand über die linke (dies heißt «Schaschu»); nach einem beschleunigten Gänsemarsch wird zur weiteren Zazen-Übung der Platz eingenommen. Vor dem Niedersetzen wird zunächst gemeinsam Gasshó der Wand zu gemacht; ein weiteres dem Saale zu; beide Verneigungen bedeuten eine Danksagung an die Mitübenden, mit ihnen gemeinsam Zazen machen zu dürfen. Gasshó ist immer ein Ausdruck der inneren brüderlichen Verbundenheit. So ist etwa der innere Dialog der gegenseitigen Verbeugungen beim Kyosaku-Akte folgendermaßen zu verstehen: der Übende: «Bitte, hilf mir, zur richtigen inneren Haltung zu gelangen.» Der Lehrer: «Ich helfe dir gerne.» – Nach dem Schlage: der Übende: «Ich danke für die Hilfe.» Der Lehrer: «Ich danke dafür, daß ich dir helfen durfte.»

Zazen wird in Japan *ununterbrochen* jeweils 40 bis 50 Minuten geübt; in Europa wird die Zeit meist etwas kürzer gehalten; Kin-hin dauert 10 Minuten.

Bei mehrere Stunden dauerndem Zazen ist es manchmal ratsam, vor dem Kin-hin gymnastische Entspannungsübungen für Beine, Körper und Kopf durchzuführen. Dies soll jedoch nicht zur Gewohnheit werden; Zazen ist keine Gymnastikschule.

Für den Zen-Dojo (es kann dies auch ein einfaches Zimmer sein) gilt das gleiche, was für Einzelübungen des Zazen gesagt wurde: die Temperatur soll weder zu warm noch zu kalt sein, die Beleuchtung nicht zu grell und nicht zu düster. In den Zen-Klöstern finden wir noch eine Reihe traditioneller Utensilien vor.

Um die Atmosphäre innerlicher Sammlung zu betonen, scheint auch in einem Privatraume die Aufstellung eines Buddhabildes als «Symbol des weltumfassenden Mitleids und der Weisheit» (Uchiyama) oder eines anderen Zen-Symbols geeignet, dazu Weihrauchstäbchen und ein paar weiße Blumen. All dies gehört jedoch in keiner Weise wesentlich zum Zazen und kann auch fehlen.

Ergänzende Bemerkungen

Mit dem Gesagten sind die wichtigsten Bedingungen einer guten Zazen-Übung im großen und ganzen umrissen.

Dabei darf nicht vergessen werden, daß Zen und Zazen in keiner Weise starren Regeln folgt. Im Zen unterscheiden wir, wie schon gesagt, mehrere Schulen, vor allem die Soto- und die Rinzai-Schule (das Wort «Sekte» wird hier absichtlich vermieden, da es «Trennung» bedeutet, was dem Zen-Geiste zuwider ist.) Vorliegendes Buch folgt im wesentlichen der Soto-Schule, welcher der Autor angehört. Die Unterschiede zwischen Soto und Rinzai sind im übrigen heute weitaus geringer als in früheren Zeiten, und die persönlichen Beziehungen zwischen Anhängern und Meistern beider Richtungen sind im allgemeinen durchaus herzlich. In Europa lehren Meister, die der einen oder der anderen Richtung angehören; Einzelheiten der Übungen sind daher verschieden, jedoch bestehen keine Bedenken, etwa für einen Soto-Schüler, ein Rinzai-Sesshin mitzumachen und umgekehrt. Wichtig ist es, daß der Übende den Anordnungen des Meisters keinen äußeren oder inneren Widerstand entgegensetzt, sondern ihnen bereitwillig folgt – wenigstens für die Dauer eines solchen Seminars.

Sinn des Zen und «Ziel» des Zazen, wenn man dieses Wort für ein zweckfreies Handeln gebrauchen darf, sind ja dieselben, wenn auch die Wege voneinander abweichen. Grundsätzlich allerdings scheint es geraten, daß der zum Zen Entschlossene *einen* unter den gewählten Wegen folgt. Dies steht nicht im Widerspruch zum oben Gesagten, denn Zen-Meister sind im Westen immer noch selten.

Gegenwärtig wird vielfach das Wort «Zen» im Zusammenhang mit Kursen verwendet, die wohl einzelne Elemente aus dem Zen nehmen, jedoch mit dem wahren Zen wenig zu tun haben. Dagegen ist nichts einzuwenden, wenn die Veranstalter solcher Übungen selbst den Unterschied herausstellen und sagen: – Wir arbeiten im *Stil des Zen*. Als hervorragendes Beispiel dieser Art sei hier die wertvolle Arbeit des Grafen Dürckheim genannt, dessen tiefgehende Zen-Kenntnis bekannt ist.

Gewiß gibt es verschiedene Stufen im Zen. Als unterste wird in Japan das «Bompu-Zen» gelegentlich geübt, das einem psycho-somatischen Training zur Befreiung, Beruhigung und Klärung gleichkommt und das sich somit dem autogenen Training und bestimmten Formen des Yoga nähert, die in Europa gelehrt werden. Auf diesem Gebiete heißt es: Jedem nach seiner Façon. Das richtige Zen steht zwar jedem frei, aber es kann nicht jedermanns Sache sein. Es gibt zweifellos eine ganze Anzahl von anderen brauchbaren Wegen zur Lösung des Menschen aus seinem Streß und zu seiner inneren Befreiung, ohne in die letzte Tiefe vorzustoßen.

Der wahre Zen-Weg erfaßt uns jedoch, wie ein japanischer Meister sagt, «mit Fleisch und Knochen». Er dringt bis ins Innerste des Menschen vor, das er zunächst gewissermaßen ausbrennt. Die Bezeichnung «Za-Zen», gleich: sich ruhig niedersetzen und sammeln, drückt nur ganz wenig vom Zen-Erlebnis aus, das den Menschen zu nicht voraus-zusehenden Folgerungen führt. Es ist ein Sprung ins Unge-wisse, ein großes Wagnis und wird auch von christlichen, im Zen stehenden Persönlichkeiten wie Lassalle so bezeich-net. Wir verstehen, warum die Zenklöster die Kandidaten zunächst zurückweisen. Dies ist typisch Zen und soll jeden unangebrachten Optimismus von vornherein ernüchtern.

Wer Zen-Geschichten und Koans kennt, wird hier immer wieder auf Herausforderungen, Beleidigungen, Antworten stoßen, die uns Abendländern völlig unver-ständlich und in glattem Widerspruch zur japanischen Höflichkeit und Herzlichkeit erscheinen.

Zen hat zwei Gesichter: es steht da, uns mit offenen Armen zu empfangen; andererseits aber ist es gleich einem versiegelten Buche, gleich einer uneinnehmbaren Festung.

Es verspricht uns nicht, wie es heute mehr als je Re-den und Prospekte von östlichen und westlichen Prophe-ten tun, maßlose, mühelos zu erreichende Freude und Glückseligkeit in diesem oder einem zukünftigen Leben.

Wer Zen erlebt, findet kein «besseres Leben» (mieux vivre), sondern das, was Teilhard de Chardin ein «plus vi-vre», das heißt ein Mehr-Leben, nannte; auch darauf kann man nicht rechnen, denn Zen verspricht nichts.

Aus all diesen Gründen kann die Praxis des Zazen nur dem geraten werden, der zur großen Frage, zur Unsicher-heit bereit ist und der seine kleine Sicherheit für etwas Be-deutenderes einzutauschen gewillt ist.

2. Sesshin

Das Wort «sesshin», aus dem Chinesischen, bedeutet «gesammeltes Herz». Es wird für die mehrere Tage bis zu einer Woche dauernden gemeinschaftlichen Zen-Übungen gebraucht (die auch gelegentlich als «Zen-Seminare» angekündigt werden). Sie sind im Westen den in den Zenklöstern Japans monatlich stattfindenden «sesshins» nachgebildet, jedoch den jeweiligen örtlichen Umständen angepaßt. Es geht ja bei Zen nicht, wie immer wieder betont werden muß, um blinde Nachahmung exotischer Gebräuche. Zen, das lange vor dem Erscheinen des historischen Buddha bekannt war, hat sich jeweils in seiner Entwicklung und auf seinem Wege von Indien nach China, nach Indochina und weiter nach Japan umgeformt und Elemente seiner neuen Umgebung aufgenommen. Sicher ist das Wesentliche geblieben und auf Grund psychologischer, physiologischer, medizinischer, historischer Einsichten vervollkommnet worden. Wenn Zen heute «nach Westen geht», so wird es sich hier, in Europa und Amerika, zweifellos neuen Umständen anzupassen haben. Die Zen-Meister ermuntern uns dazu. Es steht außer Frage, daß Zen in unseren Ländern seine eigenen, unserer Lebensweise entsprechenden Formen auszubilden hat. Freilich sollte dabei behutsam vorgegangen werden. Es liegt wohl ebensowenig im Geiste des Zen, in Europa japanische Zentempel zu kopieren als auch aus Zen bei uns eine von geschickten Managern kombinierte Technik zum Abbau des Streß und zur Erhöhung der Leistungsfähigkeit von Beamten und Arbeitern in der Industrie zu machen. An solchen Versuchen fehlt es nicht: «Buddha kommt der Industrie zu Hilfe», überschrieb vor einiger Zeit eine westeuropäische Zeitschrift einen ihrer Artikel.

Nur tiefes Einfühlen ins Zen und die Arbeit verantwortungsvoller, von äußerem Erfolg unbestechlicher Meister kann hier den richtigen Weg finden. Es ist unmöglich, einfach Bausteine aus dem eine Einheit bildenden, ehrwürdigen Gebäude des Zen herauszumeißeln, um sie in unsere psychologischen oder religiösen Zweckbauten einzufügen. Zen kommt nun einmal aus Japan und aus der Buddhalehre. Es geht nicht an, es einfach seiner vielen Formen zu entkleiden und auf ein paar Gesten «im Stil des Zen» abzurunden. Nicht etwa aus dem – überholt scheinenden – Pietätsgefühl, das wir den Ausdrücken alter Kultur schulden, sondern weil wir dabei riskieren, mit der Form das Wesen zu verlieren. Ohne dem Zen bis ins Dickicht legendären und mythischen Zubehörs zu folgen, mit dem es in Japan vielfach noch behaftet ist, scheint es mir richtig, der Zen-Übung in unseren Ländern heute noch das notwendige Minimum an Ritus, ja an Feierlichkeit zu belassen, das für sein Einschwingen ins Seelische notwendig ist.

Ein rationalisiertes Zen, auf ein elektrisches Glockensignal hin in einem Büroraum mit allem Komfort unter der Leitung eines Meisters im Turnanzug geübt, wird schwerlich den Einbruch ins Seelische schaffen können, den wir in einem echten Zen-Dojo erleben. Auch die enge Vermischung von Zen und westlicher Religionspraxis (sei sie christlicher, jüdischer oder mohammedanischer Art) ist schwer denkbar. Wenn zum Beispiel, wie es uns berichtet wird, in einer Kapelle religiöse Schwestern im Zazen-Sitz im Kreise um die Monstranz knien, so liegt darin eine petitio principii: beim echten Zazen, bei der wahren Versen-

110

kung, ist niemand gegenwärtig: kein Gott, kein Christus, kein Buddha. Aus dem gleichen Grunde ist es bedenklich, im Zen-Raume eine Messe oder sonst einen Gottesdienst zu feiern. Es geht nicht um logische, sondern um psychologische Unverträglichkeit: eine Kathedrale baut man nicht zu einer Fabrik um, ein Theater ist kein Schwimmbad... Zumal da, wenigstens in unserem heutigen Stande des Denkens und Fühlens, dialektische, wenn nicht polemische Fragen und widersprüchliche Gefühle sich erheben können.

Damit soll in keiner Weise den bereits erwähnten, heute so geläufigen Übungen «im Stil des Zen» ihr Wert abgesprochen werden. Es ist allerdings, dies sei nochmals betont, wichtig, daß hier ehrliche, klare Grenzen gezogen werden. Mancher würde dem wahren Zen nicht zugänglich sein, während ihm jedoch einfacheres Üben ein inneres Gleichgewicht geben kann. Man täusche sich jedoch nicht: es kommt wohl nur selten vor, daß jemand auf diesem Weg zum echten Zazen kommen wird. Wer wirklich Zen in seiner Einfachheit und Forderung annehmen will, sollte nicht zunächst auf den leichteren Pfad gewiesen werden.

Ein tiefes Zen-Wort besagt: «Wenn dich jemand nach dem Kleinen Fahrzeug fragt, so antworte ihm mit dem Großen Fahrzeug.»

Mit diesen einleitenden Worten soll die Bedeutung des Sesshins aufgezeigt werden, das gleichzeitig die höchste gemeinschaftliche Feier des Zen darstellt.

Hier zunächst, ehe Einzelheiten davon besprochen werden, das Programm eines Sesshins. Manches davon könnte auch anders sein. Jedem Zen-Meister steht es frei, Einzelheiten zu ändern, je nach den Teilnehmern, ihrer

Vorschulung und je nach den praktischen Umständen. Der wesentliche Aufbau bleibt allerdings dabei bestehen.

SOTO-ZEN SESSHIN (Seminar) vom 17. zum 22. 12.

Tageseinteilung:

17.: 18.30 Abendessen
gefolgt von allgemeiner Einleitung (téischo) im Meditationsraume sowie einer Zeit Versenkung (Zazen)
Nachtruhe

vom 18. bis 21. einschließlich:

6.00 Aufstehen (Wecken durch Gong)
6.30– 8.00 Zazen (Versenkung)
8.15 Frühstück
9.00–11.00 Zazen
11.15 Vortrag (téischo)
12.30 Mittagessen
Ruhepause
14.00–16.00 Samu (körperliche Arbeit)
16.15–17.15 Zazen
anschließend «Mondo» (Fragen und Antworten)
18.30 Abendessen
Ruhepause
20.00–22.00 Zazen
22.00 Nachtruhe

(Falls nötig, kann die Tagesordnung Änderungen erfahren.)

Stillschweigen während der gesamten Zeit, auch während der Mahlzeiten.

Absolute Pünktlichkeit ist Voraussetzung.

Persönliche Aussprache mit dem Zen-Meister nach Voranmeldung, während der Samu-Zeit.

Wichtig: es liegt im Interesse aller, während des Sesshins keinen Verkehr mit der Außenwelt (Briefe, Telefon usw.) zu pflegen. Wo Sprechen unbedingt notwendig ist, es auf das Notwendigste beschränken.

Dialektische Auseinandersetzungen aller Art sind nicht im Geiste des Zen, daher mögen sie vermieden werden.

Sesshin ist Gemeinschaftsarbeit am Wesentlichen, auf dem Wege zum *Selbst* im tiefsten Sinne, ohne irgendwelche Verzweckung. Zazen ist der Weg, das Ziel und nicht ein «Mittel» zur Vervollkommnung.

Zazen ist Zazen, nichts anderes.

*

Eine der Schwierigkeiten eines Sesshins zeigt sich bei der ersten Kontaktnahme mit den Teilnehmern. Würde der Zen-Lehrer immer die gleichen Schüler zur Zusammenarbeit vor sich haben, so wäre es leicht, auf dem bereits bearbeiteten Grunde weiterzubauen. So aber nehmen meist Leute an einem solchen «Sitzen» teil, die ganz verschiedene Voraussetzungen mitbringen und sich Verschiedenes davon erwarten. Daher die Notwendigkeit von Wiederholungen, die für die Anfänger bestimmt sind und die dennoch nicht so gehalten sein dürfen, daß sie die Fortgeschrittenen langweilen.

Es ist wichtig und gleichzeitig schwer, den Übenden aus seinem gewohnten Denkprozeß zu heben, ihm das zweckfreie Zen zu zeigen und klarzumachen, daß es nicht darum geht, Kenntnisse zu gewinnen oder meßbare hohe Stufen der inneren Vervollkommnung zu erreichen. Gewiß steht am Anfang jedes Zazen ein greifbarer Grund, eine reale Ursache. Meister Dogen sprach schon vor siebenhundert Jahren von der «Angst», die viele zum Zen triebe. Angst vor dem Tode, Unruhe, Unzufriedenheit mit anderen, bereits geübten Praktiken, ein schweres Erlebnis und die Unmöglichkeit, damit seelisch fertig zu werden, der Wunsch, durch einen Sprung in etwas völlig Neues, Unbekanntes seinen Weg zu finden... die Anstöße zum Zen sind mannigfacher Art.

Hier setzt nun zunächst die Belehrung ein: das Lehrbuch, das Wort des Meisters, die praktische Übung. Und da zeigt es sich nach mehr oder weniger kurzer Zeit, daß der Blickpunkt verstellt werden muß. Ich darf nicht auf ein ideales Ziel schauen, sondern nur auf den Weg; auf die Übung als solche, ohne Nebenabsicht.

An dieser Stelle hebt sich bereits echtes Zazen ab. An der Frage: Ist Zazen ein Mittel zum Zweck oder etwas ganz anderes?, scheiden sich die Geister.

Werde ich durch Zen ein besserer Mensch, gläubiger, ein innerlich befreiter Künstler, werde ich gesünder, zufriedener mit meiner Arbeit, von quälender Angst befreit? Werde ich damit mit meinen Lebensproblemen fertig?

Auf solche Fragen gibt es zunächst keine Antwort. Es kann keine geben. Ebensowenig, wie Einstein und andere Forscher der Atomzertrümmerung die Atombombe oder eine industrielle Verwertung im Auge hatten, als sie den Atomkern spalteten.

Es ist verständlich, ja natürlich, daß selbst nach Erfassen des Wesentlichen der Übende noch lange Zeit mit Schlacken des früheren Denkens belastet bleibt. Dies darf uns weiter nicht wundernehmen.

Wichtig ist für alle Sesshin-Teilnehmer vor allem eines: die Erkenntnis der hohen Bedeutung eines Sesshins und die willige Annahme der damit zusammenhängenden Disziplin.

Zunächst das *Schweigen*. Es ist wichtig zu verstehen, daß Schweigen hier nicht ein äußerliches Gebot, sondern eine Notwendigkeit ist. Jeder Kontakt mit einem Nebenmenschen bringt nicht nur Bereicherung, sondern auch Zerstreuung mit sich: gegenseitige Auflockerung, kein in die Tiefe Tasten. Und dieses letztere ist beim Zazen das Wesentliche. Keine Folge von Bildern soll uns erfüllen, kein horizontal ablaufender Film, sondern eine Tiefenbohrung, eine Selbstauflösung, an der wir zu arbeiten haben. Gewiß ist dies nicht jedermanns Sache. Darum mahnt ja auch eine Inschrift am Eingang des größten Soto-Klosters Japans, Eihei-ji.

«Nur wem die Frage nach Leben und Tod eine tiefe Herzensangelegenheit ist, möge hier eintreten.» Man müßte eigentlich dieses Wort an die Türe jeder Zenhalle und vor allem an den Beginn eines Sesshins stellen.

Schweigen ist also ein wesentlicher Punkt. Ein Sesshin stellt hohe Anforderungen, schon weil es unsere gewohnte Tagesordnung zerstört. Da ist zunächst das frühe Aufstehen, dazu die ungenügende Zeit zwischen Aufstehen und dem ersten Zazen: 30 Minuten. Warum nicht mehr?

Weshalb diese strenge Pünktlichkeit, die in allem gefordert wird? Alles liegen- und stehenlassen, im Augenblick, sobald die Klopf- oder Glockenzeichen gegeben werden.

Auf Kommando zum Speisesaal gehen, in gleichem Rhythmus essen, es sich nicht «gemütlich» machen. Körperliche Arbeit auf sich nehmen, wenigstens zwei Stunden am Tage: nicht bloß Bücher ordnen oder Teller abspülen, sondern, je nach Jahreszeit und Gelegenheit, auch Arbeit im Freien, in hohen Stiefeln im Wasser stehen, Schaufel und Rechen gebrauchen, Steine tragen... Zu Beginn und Ende des Zazen auf das Glockenzeichen hin aufstehen, sich ausschwingen, sich in den Kin-hin-Gänsemarsch der anderen einfügen...

Am Abend nach Ende des letzten Zazen zu Bett gehen, keine «Privat-Meditationen» in der Zenhalle machen...

All dies gehört zum Soto-Zen; ein an hundert Details oft hart, ja brutal empfundenes Abschneiden des «Ich»: der Bequemlichkeit, der als berechtigt empfundenen individuellen Ansprüche.

Zazen ist keine Abtötung, jedoch bedeutet es Verzicht: Verzicht, aus dem Befreiung hervorgeht, sich lösen, Überflüssiges aufgeben, den Weg gehen, einfach den Weg.

Es wäre leicht, im einzelnen vieles zu begründen: Man kann etwa sagen, daß die körperliche Arbeit, das Samu, notwendig sei, um ein Gegengewicht zur starken inneren Spannung zu erzeugen, die sich beim Zazen ergibt. Daß eine solche besteht, weiß jeder Teilnehmer. Geht doch selten eine Sesshinwoche vorüber, während welcher nicht beim Zazen einzelne in Schluchzen ausbrechen oder aber plötzlich ein nicht zu bändigendes befreiendes Lachen der Teilnehmer sich auslöst.

Spontanes – Empfindungs – Ugedatter

~~Ich~~ möchte ZaZen üben ohne Kompromisse

~~Ich~~ weiß, daß ich sehr schwach bin

Das Sprechen während des sesshin hat ~~mich~~ <u>sehr</u> gestört

~~Ich~~ lasse mich stören

~~Ich~~ bin sehr dankbar

Das sesshin bereitete mir große Schwierigkeiten
~~Ich~~ unternehme den kläglichen Versuch, in die Schwierigkeiten hinein-zugehen.

Am Ende eines Sesshins überreichen oft die Teilnehmer dem Leiter einen Brief, in welchem sie ihre Eindrücke und Erlebnisse schildern. Beiliegender Brief stammt von einem fünfundzwanzigjährigen Mädchen und ist sehr aufschlussreich und, wie die meisten brieflichen Kommentare, auch für den Sesshin-Leiter wertvoll, da er daraus viel für seine Arbeit lernen kann.

Auffallend ist hier das bewusste Ausstreichen der ersten Person in den meisten Sätzen. Die Schreiberin nahm das Grundmotiv des Zen, die Ich-Zerstörung, ernst.

117

Die ständige Bereitschaft wiederum, die gefordert wird, eine Tätigkeit auf die Sekunde abzubrechen oder aufzunehmen, gehört zu jener Grundhaltung der Aufmerksamkeit, des ständigen Daseins und Wachseins, das gerade für das Zen unendlich bedeutsam ist. Der ewige Augenblick, in dem wir leben, die Achtsamkeit, die uns ganz erfüllen soll, ist für unser Sesshin entscheidend.

Hier ein Beispiel: Es wird in den Zenklöstern sehr darauf gehalten, daß beim Essen kein Geräusch und kein Geschirrgeklapper gemacht werde (dies ist um so beachtlicher, als in Japan Mundgeräusche beim Essen nicht als unfein gelten). Die Achtsamkeit erstreckt sich darauf, daß weder zu schnell noch zu langsam gegessen, daß das Essen gemeinsam begonnen und beendet und auf jede Kleinigkeit, auch die geringste, geachtet wird.

Eine Zen-Geschichte berichtet von einem Besuche, den ein Zenjünger einem großen Meister macht, wobei er seinen Schirm im Vorraum abstellt. Auf die Frage des Altmeisters, auf welche Seite er den Schirm gestellt habe, rechts oder links, weiß der Jünger keine Antwort; dies trägt ihm einen scharfen Tadel ein, da dieses Vergessen völlig zen-widrig sei und eine bedauernswerte Unachtsamkeit anzeige.

In den japanischen Zenklöstern ist das tägliche Zazen von einer Reihe von Zeremonien eingerahmt, bei denen lange Rezitationen eine große Rolle spielen. Es handelt sich nicht um Gebete im abendländischen Sinne, sondern um Lehrtexte und Kommentare dazu (Sutras, Sastras und Gahaas genannt). Während an einigen traditionellen Orten die Zeremonien zum Schaden des eigentlichen Zazen überwuchern (so in Eihei-ji oder in Soji-ji), beschränken sich ande-

re Klöster auf das Notwendigste und gehen, wie beispielsweise Antai-ji bei Kyoto, so weit, Rezitationen, den Warnstab und andere zweitrangige Zutaten zum Zazen so gut
wie ganz wegzulassen. Dies entspricht uralter Zen-Tradition, die bis ins hohe Mittelalter zurückgeht, als Altmeister
Tendo und sein Schüler Dogen darauf hinwiesen, daß es
nicht auf Zeremonien, Weihrauch und das Absingen von
Sutras ankomme, sondern einzig auf Zazen. (Anmerkung:
Siehe Kosho Uchiyama, Weg zum Selbst, Zen-Wirklichkeit, Weilheim 1973.)

Bei den heute in Europa abgehaltenen Zazen-Übungen sowie bei den Sesshins werden meist die traditionellen
Lehrtexte und Hymnen auf ein Minimum beschränkt, jedoch wird oft nach dem Zazen das Hannya Shingyô, der
Große Sang des Herzens von der Vervollkommnung an
Weisheit, rezitiert. (Siehe obengenanntes Werk, S. 137 bis
157.)

3. Fragen und Antworten

Aussprache zwischen Meister und Schüler

In der Art der Kontaktnahme zwischen Meister und
Schüler unterscheiden sich die beiden Zen-Richtungen:
Rinzai und Soto. Beim Rinzai hat der Schüler unter bestimmten Regeln vor dem Meister mehrmals am Tage zu
erscheinen, um, von diesem befragt, Rechenschaft über seinen Fortschritt im Zen, vor allem bei Lösung eines bestimmten Koans, zu geben. Diese Gespräche heißen «Dokusan».

Im Soto, auf dessen Linie dieses Buch liegt, ist es anders. Die Schüler stellen dem Meister gemeinsam im Dojo Fragen, welche dieser beantwortet. Diese Technik des Dialoges nennt sich «Mondo» (das heißt: Frage und Antwort). Entweder ist das eine bereits festen Regeln folgende Frage- und Antwort-Zeremonie, deren Text von vornherein feststeht; oder aber es steht den Schülern an bestimmten Tagen und zu bestimmten Stunden frei, beliebige, das Zen betreffende Fragen zu stellen. Die Übung des «Mondo» ist vermutlich auf griechischen Einfluß im Altertum zurückzuführen; der Dialog stellt eine demokratische Form der Wahrheitsergründung dar, im Gegensatz zu der sonst im Osten üblichen hierarchischen Unterweisung, bei welcher der Schüler nur der passiv Aufnehmende ist, welcher sich der Autorität seines Lehrers zu unterwerfen hat. Denken wir dagegen an die bekannten Gespräche zwischen Sokrates und seinen Schülern oder an das «Gastmahl» des Plato. Im südlichen Buddhismus begegnen wir der Technik des Dialogs im Milinda-Panha («Fragen des Königs Milinda»); Milinda (dies ist die indische Form des Namens Menandros, den der griechisch-baktrische König führte) unterhält sich mit dem buddhistischen Lehrer und Dialektiker Nagasena über die Grundprobleme der buddhistischen Weltanschauung: das Ich, die Substanz, die Person... Der Fragende, der Unterweisung sucht und auch erhält und diese immer anerkennt, spielt eine aktive Rolle.

Ebenso ist dies heute in den «Mondos» der Fall.

Abgesehen davon ist, besonders in persönlich wichtigen Fällen, dem Schüler die Möglichkeit gegeben, den Zen-Meister privat zu sprechen und sich von ihm Rat zu holen. Es geht dabei um persönliche Aussprachen, nicht zu verwechseln mit den Dokusan der Rinzai-Schule, von denen bereits die Rede war. In dem obengenannten Buche von Uchiyama Roshi finden wir im Anhang eine Reihe von Schülerfragen mit entsprechenden Antworten. Es handelt sich um öfter wiederkehrende Probleme, die Zazen betreffen. Im nachfolgenden Abschnitt dieses Buches sollen einige Fragen zur Sprache kommen, die sich bei verschiedenen Sesshins im Laufe der Mondos ergeben haben und die von allgemeinerem Interesse sein können.

Fragen

1. Frage: Ist Zen nicht eine Flucht aus der Wirklichkeit? Ist es überhaupt fähig, der modernen Gesellschaft etwas anderes vorzuschlagen als eine egozentrische Illusion zur inneren Beruhigung? Wo bleibt seine Stellungnahme zur Politik, zum sozialen Leben, zum Beruf?

Antwort: Es ist nicht Aufgabe des Zen, Politik zu treiben. Andererseits wäre es falsch zu meinen, daß Zen den modernen Menschen aus seinen Aufgaben ausschließt; Zen gibt einem jeden von uns seine Dimension; es lehrt uns, unsere Stellung innerhalb des Kosmos, unseres Selbst vor der Frage Leben und Tod zu erkennen und zu erleben. Vom Zen-Erlebnis ausgehend, wird der einzelne in den Fragen des praktischen Lebens seine Entscheidung fällen können; diese wird vermutlich anders sein, als wenn er nicht aus dem Zen käme. Zen ist gleichsam ein Sammelbecken von klarem Bergwasser, aus dem jeder schöpfen kann: ein Künstler, der im Zen steht; ein Arbeiter, ein Arzt... ein jeder wird, durch das Zen geformt, sich in seiner eigenen Weise ausdrücken. Übrigens ist die Vergangenheit Japans seine Kunst, seine Geschichte, ein lebendiger Beweis dafür, daß Zen in keiner Weise lebensabgewandt ist und daß es selbst den geringsten Dingen ihre Bedeutung beimißt.

2. Frage: Wie steht Zen zum Sex? Hat es überhaupt eine Moral, oder steht es «jenseits von Gut und Böse»?

Antwort: Zen gibt im allgemeinen keine konkreten moralischen Vorschriften, aber es setzt eine hohe Ethik voraus, die unser ganzes Tun und Lassen bestimmen soll. Die Idee der unendlichen Barmherzigkeit, die sich auf alle Wesen erstreckt, ist ein Zeichen dafür; sie kommt in Erzählungen, Sprüchen und Legenden zum Ausdruck. Die ursprüngliche Buddha-Idee, nach dem Auslöschen des Leidens zu streben, setzt voraus, alles zu vermeiden, wodurch Leid und Unrecht noch vermehrt werden könnte. Dies gilt auch, im Sinne des achtfachen Pfades, dem «rechten Tun», auch für unser Verhältnis zum Nebenmenschen, im Verhalten der Geschlechter zueinander. Zenmeister Dogen hat im 13. Jahrhundert der Frau im Zen eine gleichwertige Rolle wie dem Manne zugesichert. Wenn in Zen-Texten davon gesprochen wird, man müsse jenseits von Gut und Böse sein, so muß man auf den tiefen Sinn dieser Aussage achten. Sie meint, wir dürften an nichts «hängen» und müßten daher in der vollen Unabhängigkeit des Selbst leben: so also, daß uns letzten Endes nichts geschehen könne, daß wir sogar «jenseits von Leben und Tod» uns befinden. Zum wirklichen Verständnis solcher Gedanken bedarf es allerdings längerer Zen-Erfahrung.

3. Frage: Können nicht Drogen die gleiche Wirkung wie Zen hervorrufen? Weshalb soll man dann einen so mühsamen Weg einschlagen, wenn es viel einfacher geht?

Antwort: Diese Frage wird vielfach, namentlich von Jugendlichen gestellt, die ihre Erlebnisse bei Anwendung von Drogen der «Erweckung» im Zen gleichstellen. Ein sehr namhafter älterer Zenmeister aus Kyoto, der öfter Vortragsreisen in den Vereinigten Staaten hält, hat, um darauf antworten zu können, selbst LSD genommen. Seine Schlußfolgerung daraus läßt sich folgendermaßen zusammenfassen (sie drückt die durchgängige Überzeugung der Zen-Lehrer aus):

Gewiß erreicht man durch Anwendung von Drogen außergewöhnliche Bewußtseinszustände. Diese Tatsache ist von alters her, auch bei Primitiven, bekannt. Dagegen stehen jedoch ernstzunehmende Bedenken: Das vorübergehende Glücksgefühl, das erreicht werden kann, wird, wie immer wieder von Leuten bezeugt wird, die Drogen erlebt haben, durch den nachfolgenden inneren Zusammenbruch schwer bezahlt. Weiterhin verfallen die Betreffenden, falls sie nicht willensstark genug sind, einer immer größeren Abhängigkeit und greifen zu immer «härteren» Drogen, die schließlich zum endgültigen psycho-physischen Zusammenbruch führen können.

Ganz abgesehen davon, bewirkt der Drogenrausch keinerlei positive Charakterveränderung im Menschen. Zazen hingegen, der «schwere und lange Weg», formt langsam die ganze Person um und gibt ihr eine immer größer werdende innere Stabilität. Die «Erweckung» (auch als «Erleuchtung» bezeichnet) ist nur in seltenen Fällen ein plötzliches Geschehen, das uns «aus den Fugen reißt» und in eine Art Paradies versetzt. Es ist vor allem eine seelische Haltung, ein Zustand, dessen sich der davon Erfaßte oft gar nicht bewußt ist: eine Rückkehr des Menschen zu sich selbst.

4. Frage: Was ist Satori?

Antwort: Wie oft bei geistigen Dingen darf man dieses Wort nicht mit einer greifbaren Sache verwechseln. Satori, auf chinesisch «Wu», wird vielfach mit «Erweckung», weniger glücklich mit «Erleuchtung» übersetzt. «Wer es besitzt, spricht nicht davon, und wer davon spricht, kennt es nicht», heißt es. Durch Zen-Übung (Zazen) gelangen wir zu einer tieferen Schau unseres Selbst. Gewiß gibt es mehre-re, ja, man könnte sagen, eine endlose Anzahl von Stufen auf diesem Wege. Im Soto-Zen soll, wie schon Altmeister Dogen sagte, die «Erweckung» nicht angestrebt werden. Wenn sie eintritt, weiß es der von ihr Erfaßte oft gar nicht. Das plötzliche Gefühl der Einheit mit dem All, das uns bei Zazen zustoßen kann, ist noch lange kein Beweis, das Ziel erreicht zu haben; es kann auch aus Selbsttäuschung und Eitelkeit kommen. Satori ist nichts Außergewöhnliches, kein metaphysisches Erlebnis gleich einem Wunder oder einer Erscheinung. Selbst wo ein großes, andern nicht mit-teilbares inneres Glücksgefühl in einem Menschen ausge-löst wird (oft durch einen äußeren Zufall, einen Schlag, einen Fall, ein Wort, oft ohne greifbaren Anlaß), soll dem nicht weiter nachgegangen werden.
– Wenn du Satori erreicht hast, wirf es weg und mache wei-ter Zazen, sagt Dogen.

– Wir müssen von Satori zu Satori gehen, drückt er sich anderswo aus.

Gelegentlich geht er so weit, vermutlich, um allen eitlen Wünschen der Mönche die Spitze abzubrechen, zu behaupten: «Erfahret, daß es Satori nicht gibt!»

Kenscho – die Wesensschau –, Satori und Nirwana – letzteres vor allem als Auslöschen des innerlich vollendeten Menschen innerhalb der Sinnenwelt, als «Darüber-Hinausgehen» begriffen –, diese drei Ausdrücke deuten in ein und dieselbe Richtung.

Bei unserer Zen-Praxis tun wir jedoch gut daran, das Wort «Satori» zu vermeiden, ernsthaft Zazen zu üben und unser Werk im Alltag zu tun und uns nicht um Probleme zu kümmern, die nicht direkt aus unserem Leben kommen.

5. Frage: Beim Zazen treten manchmal starke Schmerzen an verschiedenen Körperstellen auf, die uns ablenken und eine richtige Versenkung unmöglich machen. Wie soll man sich dazu verhalten?

Antwort: Es ist zu unterscheiden: anfangs treten bei fast jedem Zazen-Übenden Dehnungsschmerzen in den Knien, in den Beinen oder an den Knöcheln auf. Bei längerem Üben entspannen und stärken sich die Muskeln und Sehnen, so daß das Schmerzgefühl erträglich wird und schließlich schwindet. Bei jedem einzelnen braucht es dazu unterschiedlich viel Zeit. Auch älteren gesunden Leuten gelingt es oft durch Beharrlichkeit, die Knie auf den Boden zu bringen und wenigstens zum halben Lotussitz zu gelangen. Werden die Schmerzen während des Sitzens unerträglich, so kann der Übende eine Zeit mit Zazen aussetzen, die

Knie hochnehmen oder das Bein wechseln oder aber sich in den Burmasitz begeben, wobei die Knie zwar auf dem Boden liegen, die Beine jedoch unverschränkt bleiben. Vor jeder Stellungsveränderung ist als Zeichen der Entschuldigung Gasshó zu machen (die Hände aneinanderlegen und eine Verneigung in Richtung der Wand).

Weiter ist darauf zu achten, ob das benützte Polster (Zafu) die richtige Höhe und Härte besitzt, was wieder von der Anatomie des einzelnen abhängt (Körpergröße, Länge der Beine usw.). Ferner, ob die sonstigen Vorschriften natürlicher Atmung und Haltung beachtet werden.

Sollten sich trotz allem wiederkehrende Schmerzen einstellen (namentlich im Rücken, in den Hüften usw.), so ist der Arzt aufzusuchen. Man nennt die Zazenhaltung das Barometer der Gesundheit; gewissen Organen entsprechen gewisse Stellen am Körper, die während des Zazen im Falle von Erkrankung empfindlich werden.

6. Frage: Während des Zazen zeigen sich manchmal allerlei Arten von Erscheinungen wie: Töne, Geräusche, Worte, Farben; auch Personen tauchen auf, einzeln oder in Gemeinschaft. Was ist von all dem zu halten?

Antwort: Im Zen bezeichnet man alle subjektiven Phänomene dieser Art als «Makyo», am besten mit «Teufelsspuk» übersetzt. Alle Zen-Meister sind sich darüber einig, diesen Erscheinungen keinerlei Gewicht beizumessen, sie auch nicht zu bekämpfen, sondern zu warten, bis sie von selbst verschwinden. Sie sind in keiner Weise entscheidend für die Qualität des Zazen.

Im Zen unterscheidet man übrigens bis zu fünfzig sogenannte Zen-Krankheiten. Es kann geschehen, daß der Übende ungemein empfindlich wird, daß ihn z. B. unbedeutende Einzelheiten des täglichen Lebens zum Weinen bringen usw. ... Diese «Krankheiten» verschwinden jedoch nach einiger Zeit, vorausgesetzt, daß man ihnen keine besondere Aufmerksamkeit schenkt.

7. Frage: Zen-Buddhismus wird immer als eine «Religion» bezeichnet. Besteht da nicht für einen gläubigen Christen die Gefahr, durch Zazen-Praxis seinen Glauben zu verlieren?

Antwort: In dieser Weise ist die Frage falsch gestellt. Echtes Zen ist nicht «eine» der Religionen. Wir können aber sagen: es *ist* Religion, da es den Menschen dem Absoluten zu öffnet, ihn mit dem Absoluten verbindet. Wir sprechen hier von der inneren Struktur des Zen, nicht von den äußeren Riten und Vorstellungen, durch die sich Zen in gewisser Weise als buddhistische Religionsübung ausweist. Die Meister betonen immer wieder den Unterschied zwischen «reinem Zen» und angewandtem Zen. Es wäre leicht, darauf hinzuweisen, daß Menschen verschiedenen Glaubens heute Zen üben, daß es sogar katholische Priester und Ordensleute gibt, die tief im Zen verwurzelt sind. Dem könnten allerdings gewisse Warnungen vor dem Zen entgegengestellt werden, die aus religiösen Kreisen kommen. Auf keinen Fall kann Zen, richtig verstanden, den gläubigen Menschen in einen Zwiespalt bringen. Auf der Ebene der Logik, der Geschichte, der Wissenschaft liegt noch viel ungelöste Gegensätzlichkeit, doch kommt es im Zen auf das *Erlebnis* und nicht auf dialektisches Verständnis an. Aus dem Erleben des Zen-Menschen heraus wird, je nach seiner Tiefe, seine Haltung in der Praxis erfließen, die vom einzelnen Falle abhängt. So wird, wenn auch das Wort «Gott» im Wortschatz des Zen nicht vorkommt (wobei sich jedoch die Zen-Menschen entschieden dagegen verwahren, als Atheisten angesprochen zu werden), der Gläubige keinen seelischen Verlust erleiden. Man wird allerdings darauf gefaßt sein müssen, daß, eben durch die Zen-Erfahrung, der Glaube anders erlebt wird als bisher. Hier sei an das bereits bekannte Wort Teilhard de Chardins erinnert, wonach das Göttliche heute noch in geradezu neolithischer Form, d. h. vorsintflutlich angesehen wird, sowie an seinen Ausspruch, die Religion des Jahres zehntausend werde sich zu ihrem heutigen Ausdruck etwa verhalten wie heute der Mensch zum Affen...

Dank dem Zen scheint ein Aufbruch zu einer neuen Spiritualität möglich zu sein, deren Auswirkung heute noch unabsehbar ist.

8. Frage: Wie kann man sich gerade angesichts der vielen heute angebotenen Meditationspraktiken gerade für Zen entscheiden? Kann Zen nicht eine vorübergehende Modeerscheinung sein?

Antwort: Wir stehen heute tatsächlich in einer Welle von Angeboten verschiedener Art von Meditation. Namentlich die Jugend ist in dieser Hinsicht sehr anfällig. Der Zerfall des Familienlebens, die soziale Umschichtung, die Unwirksamkeit der überkommenen Gemeinschafts- und Kirchenformen können als Hauptgründe dafür angesehen werden. Das Bedürfnis, einen Sinn des Lebens zu finden, jenseits von Ersatzmitteln wie Sex und Drogen, macht unsere Generation besonders empfindlich für neue Möglichkeiten im Seelischen. Hier ist nicht der Ort, und es liegt auch gar nicht im Sinne des Zen, in polemischer Art für oder gegen irgendeine Richtung Stellung zu nehmen. Ein jeder muß selbst den Weg finden, den er zu gehen hat; falls er von dessen Richtigkeit überzeugt ist, wäre es verkehrt, davon abzuweichen.

Immerhin ist es wichtig, sich vor einer Entscheidung darüber klarzuwerden, was man sucht und was man erwarten kann. Dafür gibt es einige Kriterien.

Es ist beispielsweise schwerlich zu erwarten, daß Bewegungen, mit maßlosen Mitteln von Propaganda hochgezüchtet und verbreitet, auf rein kommerzieller Grundlage aufgebaut, geeignet sind, uns einen seelischen Weg zu zeigen. Weiter sind Hysterie und Ekstase, die wir in solchem Milieu ständig antreffen, ferner deren oft asozialer, ausschließlicher, fanatischer Charakter Anzeichen, die uns bedenklich stimmen.

Gewiß hören wir von überraschenden Erfolgen, sogar moralischer Art. Anführer solcher Bewegungen können durch ihr bloßes Dasein wie Katalysatoren wirken. Junge Leute erklären, daß sie den Drogen und einem ungeordneten, sinnlosen Dasein entkommen sind. Soweit ist dies begrüßenswert. Worauf stützt sich jedoch eine solche «Bekehrung»? Doch wohl meist auf einen Menschen, auf Mantras, auf «magische» Worte und Praktiken: Gesänge, Tänze, Riten…

Solche Erscheinungen sind nicht neu. Eine Welle der Begeisterung schlägt hoch und verebbt wieder. Was wird übrigbleiben?

Die meisten Erweckungsbewegungen halten den Menschen in Unmündigkeit; sie entwickeln nicht sein Selbst, sie stützen sich auf einen Propheten, einen Ritus, einen Text, sie suchen, die Atmosphäre des Wunderbaren zu erzeugen und auszunützen.

Ich sehe darin eine erschütternde Inflation der seelischen und geistigen Werte; Ausnützung der Glaubensbereitschaft von Kritiklosen, namentlich von Massen Jugendlicher. Die meisten der angebotenen Praktiken umgeben sich mit dem Nimbus des Religiösen, sie sind aber nicht und geben in keiner Weise «Religion» im Sinne aller Hochreligionen, das heißt: Verbindung des Menschen mit dem Absoluten, Welt-Anschauung, Deutung von Leben und Tod.

Wenn ich mich für Zen entscheide, so geschieht dies einfach, weil ich darin eine erfaßbare, nüchterne Technik sehe, mich ins Sein zu vertiefen, mein Selbst aufzubauen. Daß Zen aus dem Fernen Osten kommt, bedeutet keineswegs Verlust unserer Lebenswerte an die Exotik. Ich sehe in Zen sozusagen den Zustrom von seelischen Vitaminen, der unsere westliche Zweckzivilisation zu einer Kehrtwende führt, zu jener, nicht von bloßer Logik, sondern von echter Intuition bestimmten anderen Seite des Lebens.

4. Rezitationen

Im folgenden werden, z. T. gekürzt und dem heutigen, westlichen Sprachausdruck angepaßt, Übertragungen von Texten gegeben, die zu den in den Zenklöstern üblichen Rezitationen gehören, für die es verschiedene Gattungsnamen gibt, vor allem: Sutra, Sastra und Gatha. Es handelt sich um Lehrtexte, Kommentare zu diesen und allgemeine, auf Handlungen des täglichen Lebens bezogene Sprüche, die sämtlich in der Zen-Lehre verwurzelt sind.

Das Hannya Shingyô, der «Sang des Herzens vom Vollkommenwerden an Weisheit», für das Zen wesentlich und auch in westlichen Ländern oft rezitiert, wird hier phonetisch in der Ursprache (Chinesisch) wiedergegeben und zum Verständnis von einer wörtlichen Übersetzung begleitet. (Siehe auch: Zusammenhängender Kommentar dazu in Kosho Uchiyama Roshi: Weg zum Selbst. Weilheim 1973, S. 137–156.)

I.

Vor der Rezitation eines Sutras:

Das Dharma, die gute Botschaft, ist tiefgründig und kostbar.
Sie wird nur selten in der Zeit offenbar.
Uns ist es jetzt gegeben, sie zu sehen, zu hören, anzunehmen und in uns aufzunehmen.

Mögen wir die Worte der Wahrheit, des So-Seins, richtig verstehen!

II.

Bekenntnis:

Alle bösen Taten, die jemals von mir begangen wurden, durch Begierde, Zorn, Sinnlosigkeit ohne Anfang und Ende,

mit meinem Körper, meinem Munde und mit meinen Gedanken,
ich bekenne sie jetzt gänzlich und offen.

III.

Die dreifache Zuflucht (die drei Juwelen):

Ich vertiefe mich in den Buddha, den Erweckten,
ich vertiefe mich in das Dharma, die gute Botschaft in ihrer Reinheit,
ich vertiefe mich in die Sangha, die heilige Gemeinschaft,
ich ehre sie in ihrem brüderlichen Leben.

IV.

Gatha des Wandels:

Alle zusammengesetzten Dinge sind nicht beständig;
sie sind der Geburt und dem Tode unterworfen.
Wenn wir Geburt und Tod beenden,
so gelangen wir zur Ruhe der Seligkeit.

V.

Morgen-Rezitation (San Dô Kai):

Die Einheit zwischen der Welt der Erscheinungen und der Welt des Geistes:
Wer zur Erweckung kommt, begegnet dem Shakyamuni Buddha
von Angesicht zu Angesicht.
Die Menschen sind verschieden: manche sind klug und manche nicht.

Die Lehre der Meister im Süden und im Norden
sind nur verschiedene Ausdrücke der gleichen Lehre.
Die Quelle der Lehre ist klar.
Wenn auch die Zuflüsse trüb sind, so kehrt
der erweckte Geist zur Quelle zurück.
Wer an äußeren Übungen haftet, wird leiden.
Wer an der Vernunft haftet, wird nicht zur Erweckung
kommen.

Wenn sie durch das Tor der Sinne gehen,
so treten Erscheinungen anscheinend unverbunden auf.
In Wahrheit hängen sie jedoch voneinander ab.
Die Erscheinungen der Welt
hängen voneinander ab
und vermischen sich miteinander.
Gäbe es keine gegenseitige Abhängigkeit,
so wäre es unmöglich, Unterscheidungen zu treffen.

Die Erscheinungsformen
weisen verschiedene Merkmale auf;
Freude und Leid
erscheinen wie unverbunden.
Für den Erweckten
kann Höhe und Tiefe nicht unterschieden werden.
Dem Nicht-Erweckten
erscheint nur Zweiheit.

Die vier Elemente kehren zu ihrer Quelle zurück
gleich Kindern, die zu ihrer Mutter zurückkehren.
Das Feuer wärmt,
der Wind bewegt sich,

das Wasser befeuchtet,
die Erde trägt.
Für die Augen
sind Form und Farben da;
für die Ohren der Ton,
für die Nase der Geruch,
für die Zunge der Geschmack.

Ohne diese Organe
können wir nicht die Welt der Erscheinungen
wahrnehmen.
Alle Blätter eines Baumes
hängen von der Wurzel ab.
Alle Unterscheidungen
gehen aus demselben Ursprung hervor.
Alle Ausdrücke beschreiben
die gleiche Wirklichkeit.

In der Welt der Erscheinungen, im Irdischen,
gibt es Erweckung.
In der Erweckung
kann die Welt des Irdischen gefunden werden.
Beide können nicht getrennt werden;
sie vermischen sich.
Die sichtbare und die Welt der Erweckung
hängen voneinander ab
wie ein Schritt nach vorn
und ein Schritt rückwärts.
Jedes Ding hat seinen Sinn,
obwohl Werte
je nach der Zeit und dem Raume wechseln.

Sichtbares und Geistiges müssen einander
begegnen.

Wenn wir Worte hören, so müssen wir ihren Sinn
suchen.
Wir sollen nicht an den Worten haften,
nur ihr geistiger Sinn ist wichtig.

Die sichtbare Welt ist nur ein Pfad.
Wenn wir weiterschreiten,
so müssen wir uns klarwerden,
daß dies alles ist,
was wir zu wissen brauchen.

Wir befinden uns immer auf diesem Pfade. Satori ist
weder
nahe noch fern.
Da wir den Pfad nicht sehen können,
erscheint Satori
immer wie ein fernes Ziel.
Wer den Weg sucht, dem möchte ich raten,
nicht einen Augenblick Zeit zu verlieren.

Vor dem Essen:

Wir erheben unsere Augen zu den drei Einheiten des
Geistes:
(zum Erweckten, zum Gesetz und zur heiligen
Gemeinschaft).
Und wir sind dankbar für dieses Mahl,

das die Frucht der Arbeit anderer Menschen
und des Leidens anderer Formen des Lebens ist.

(Wenn der Reis gereicht wird. Die Schale wird mit je drei
Fingern jeder Hand erhoben):

Diese Schale voll Reis ist wertvoll
und gereicht den Menschen zum Guten;
  das Gute, das sie bringt, kann nicht geschätzt werden,
denn es hilft uns,
  zum letzten, unvergänglichen Guten zu gelangen.

Zunächst denke ich an dieses Mahl und denke an seine
Herkunft.
Weiters empfange ich dieses Geschenk und betrachte
meine Unvollkommenheiten.
Drittens wünsche ich, meinen Geist so zu beherrschen,
daß ich an nichts mehr hafte.
Viertens will ich diese Nahrung einnehmen, um in guter
Gesundheit zu bleiben.
Fünftens: dieses Mahl will ich nehmen, um erweckt zu
werden.

Wir bieten dieses Mahl den drei Kräften dar:
dem Buddha, dem Dharma, der Sangha und allen
fühlenden Wesen.

Den ersten Löffel voll nehmen wir, damit alles Übel
ausgelöscht werde.
Den zweiten Löffel, um alle mögliche Art von Gutem zu
tun.

Den dritten Löffel, um alle Wesen zu retten;
mögen sie alle zur Erweckung gelangen.

Nach dem Essen:

Wir Menschen sind in der Welt gleich der Luft,
die sich endlos ausdehnt.
Möge unser Geist über die Welt hinausgehen,
gleich der Lotusblume, die ihr Haupt
über das trübe Wasser hebt.

Wir verehren den Großen Lehrer unser aller!

Nach dem Frühstück wird rezitiert:

Wir haben unsere Reissuppe beendet;
wir beten, daß alle lebenden Wesen
auf dem Pfade des Guten gehen
und sich alle nach dem Gesetze des Erweckten richten.

(Die hier wiedergegebenen Texte sind verkürzt
wiedergegeben und unserem Sprachausdruck angepaßt.)

HANNYA SHINGYÔ

MAKA HANNYA   HARAMITTA SHINGYÔ
Große vollkommene Weisheit Streben danach Herzensgesang

KAN   JI ZAI   BOSATSU
Der Kan ji zai genannte Bodhisatta (Sucher des Weges)

GYÔ   JIN HANNYA   HARAMITTA JI
Übung tief vollkommene Streben danach im Begriffe zu tun;
           Weisheit   wenn

SHÔ KEN GOUN   KAI   KÛ
er erkannte 5 Daseinsgruppen alle Dinge leer

DO   ISSAI   KU   YAKU
er   nahm weg Bitterkeit Unglück

SHALISHI
Sariputra (Jünger Buddhas)

SHIKI   FU   I   KÛ
sichtbare Welt   nicht Unterschied (von) Leere

KÛ   FU   I   SHIKI
Leere nicht verschieden von sichtbarer Welt

SHIKI   SOKU   ZE   KÛ
sichtbare Welt bedeutet ist gleich Leere

KÛ   SOKU   ZE SHIKI
Leere bedeutet ist sichtbare Welt

JU   SÔ   GYÔ SHIKI   YAKU BU NIO   ZE
Sinne Gedanken Wille Erkenntnis auch   gleich ist

SHALISHI
Sariputra

ZE   SHO   HÔ   KÛ   SÔ
es sind mehrere alle Dinge Leere (haben) den Anschein

FU   SHÔ   FU   METSU
nicht   geboren werden   nicht   verschwinden

FU   KU   FU   JÔ
nicht   beschmutzt werden   nicht   rein

FU   ZÔ   FU   GEN
nicht   wachsen nicht   abnehmen

ZE KO KÛ   CHÛ   MU   SHIKI
ist daher Leere innerhalb; nicht sichtbarer Welt:

MU   JU   SÔ   GYÔ   SHIKI
nicht Sinne Gedanken   Wille Erkenntnis

MU   GEN   NI   BI   ZETSU   SHIN   I
nicht Augen Ohren   Nase Zunge   Körper Herz,
                                           Herzbewegung

MU   SHIKI   SHÔ   KÔ
nicht sichtbare Form   Stimme   Geruchsfähigkeit
MI   SOKU   HÔ
Geschmacksfähigkeit   Tastfähigkeit erfaßbare Objekte

MU   GEN   KAI   NAISHI MU   I SHIKI   KAI
kein Sehen, Blickfeld oder   nicht Erkenntnis Gebiet, Welt

139

MU   MUMŶO YAKU MU MUMŶO JIN
nicht Hemmnis auch nicht   Hemmnis Verschwinden

NAISHI MU   RÔ   SHI YAKU MU   RÔ
und   nicht Altern Tod noch   auch nicht Alterns-
SHI   JIN
Todes- Verschwinden, Vernichtung

MU   KU   SHÛ   METSU   DÔ
nicht Leiden vereinigen Verlöschen Weg

MU   TCHI   YAKU MU   TOKU
nicht Wissen   noch   auch nicht Besitzen (des Wissens)

I   MU   SHO   TOKU   KO
daher nicht Ort, Inhalt des Wissensbesitzes infolgedessen

BODAISATTA
Die Sucher des Weges

E   HANNYA HARAMITTA KO
verfolgen Weisheits-Bemühung   daher

SHIN MU   KEGE   MU   KEGE   KO
Herz   nicht Schleier,   nicht Schleier,   daher
              Hindernis   Hindernis

MU   U   KUFU
nicht haben Angst

ON RI   ISSAI TENDÔ   MU   SÔ
fern trennen   alle   Verwirrung Traum Gedanke
    (getrennt von aller)

140

KUKYÔ   NEHAN
schließlich   Nirwana

SANZE   SHO   BUTSU
drei Zeiten, drei Welten mehrere   Buddhas

E   HANNYA HARAMITTA   KO
verfolgen Weisheit   Vervollkommnung daher

TOKU   ANOKUTARA SANMYAKU   SAMBODAI
(sie) besitzen besser   vollkommen   Satori

KO   TSCHI   HANNYA HARAMITTA
daher erkennen Weisheit   Vervollkommnung

ZE   DAI   JINSHU
diese große Mantra (Wort der Beschwörung)

ZE   DAI   MYÔ   SHU
dies große Weisheits Mantra

ZE   MUJÔ   SHU
dies höchste Mantra

ZE   MUTÔDÔ   SHU
dies unvergleichliche Mantra

NÔ   JO   ISSAI KU
gut   wegnimmt ganz   Bitterkeit

SHINJITSU   FU   KO
die Wahrheit nicht falsch

KO   SETSU HANNYA HARAMITTA   SHU
also erklärt Weisheit   Vervollkommnung Mantra

141

SOKU   SETSU   SHU   WATSU
das heißt   erklärt   Mantra   sagt

GYATE   GYATE
die Menschen, die gehen,   die Menschen, die gehen

HARA   GYATE
zum Nirwana   die Menschen, die gehen

HARA   SÔ   GYATE
zum Nirwana   in vollkommener Weise   die Menschen, die gehen

BODI   SOWAKA
O Erleuchtung,   Alleluja!

HANNYA   SHINGYÔ
Vollkommene Weisheit   des Herzens Gesang

(Die vier Gelübde des Bodhisattva)

SHU JO MUHEN SEIGAN DO
Wie zahlreich auch die Wesen seien,
ich gelobe, sie alle zu retten.

BONNO MUJIN SEIGAN DAN
Wie zahlreich auch die Leidenschaften seien,
ich gelobe, sie alle zu löschen.

HOMON MURYO SEIGAN GAKU
Wie zahlreich auch die Worte des Dharmas seien,
ich gelobe, sie alle auf mich zu nehmen.

BUTSU DO MUJO SEIGAN DJO
Wie vollkommen auch ein Buddha (ein Erweckter) sei,
ich gelobe, ein solcher zu werden.

Rezitation des Meisters

NEGA WA KU WA KO NO KU DO KU O MOTTE
A MA NE KU ISSAI NI OYO BO SHI WARE RA TO
SHU JO TO MI NA TO MO NI BUTSUDO O JYO
ZEN KO TO O
Was wir bitten ist, daß diese geistige Gabe das ganze Weltall
erfülle, und daß wir mit allen fühlenden Wesen im Zen die
Erweckung (den Buddha) vollenden.

Gemeinsame Rezitation

JI HO SAN SHI I SHU HU
Wir ehren alle Buddhas in der Welt: in Gegenwart,

SHI SON BU SA MO KO SA
Wir ehren die Bodhisattvas, alle Bodhisattvas,

MO KO HO JA HO RO MI
Wir ehren die große, die tiefe Weisheit.

IX. ZEN-TEXTE

Das erste Gebot

In einem Zenkloster hatte ein von der Polizei gesuchter Kommunist Asyl gefunden. Er beschäftigte sich mit Arbeiten im Garten und in der Küche, die er mit sichtbarer Aufmerksamkeit und frohen Mutes verrichtete.

Eines Tages traf ihn der Abt in der Küche beim Rübenschälen an, sah ihm eine Zeitlang zu und fragte sodann plötzlich:

– Warum tun Sie diese niedrige Arbeit? Wem nützen Sie damit?

Der Gefragte antwortete:

– Ich tue dies, um meine Brüder, die Arbeiter, zu retten.

Der Abt antwortete nichts und ging davon.

Am nächsten Tage wiederholte sich die gleiche Szene, die gleiche Frage und Antwort.

Ebenso am dritten Tage:

– Für wen tun Sie diese Arbeit? fragte der Klostervorsteher.

– Um meine Brüder, die Arbeiter, zu retten, antwortete der Kommunist.

– Und *ich,* entgegnete der Abt einfach, ich mache Zazen, um mich selbst zu retten.

Kommentar: Im Zen heißt es (gleichsam als Vorstufe zur Maxime: Liebe deinen Nächsten wie dich selbst): Verwirkliche erst dein Selbst; die Lebenswirklichkeit, ehe du deinen

Nächsten, ehe du alle Menschen und alle Wesen lieben kannst, die ja dein Du sind.

Das einzig Notwendige

Eines Tages sprach der Meister also:

Zur Zeit, als ich mich in einem Zenkloster der Sung (in China) befand, um die Sprüche der Alten zu lesen, fragte mich ein Buddhist, der ein Mönch von Si-Tsch'uan war:

– Wozu hilft es, diese Bücher der Sprüche zu lesen?

Ich antwortete:

– Um das kennenzulernen, was die Alten getan haben.

Der Mönch fragte:

– Wozu dient das?

Ich sagte ihm:

– Um die Menschen zu unterrichten, wenn ich wieder daheim bin, damit sie gerettet werden.

Der Mönch fuhr fort:

– Wozu ist das gut?

Ich sagte:

– Um die Wesen zu retten.

Darauf der Mönch:

– Schießlich und endlich: wozu?

Später dachte ich an den Grundsatz, der in diesen Fragen enthalten war; ich erkannte, daß es schließlich unnötig war, die Taten und Handlungen der Alten durch die Lektüre von Sprüchen und Zenproblemen (Koans) kennenzulernen, um sie den Menschen im Irrtum zu erklären, die ich durch meine eigenen Handlungen retten wollte. Wenn man einzig durch das Sitzen in Versenkung, das Große, Wesentliche (die Erweckung) verstanden hat, so kann man sich, selbst ohne ein einziges Schriftzeichen zu kennen, der Unterweisung an unseren Nächsten widmen.

Daher hatte mich der Mönch gefragt:

– Wozu ist das schließlich gut?

Ich glaube, daß dies die reine Wahrheit war, und seither habe ich aufgehört, die Aussprüche der Alten und Ähnliches zu untersuchen.

Einzig durch das Mittel der Versenkung im Lotussitze bin ich dazu gekommen, den wesentlichen Grundsatz der Wahrheit zu verstehen.

Meister Dogen

In: Shobo Genzo Zuimonki (Anmerkungen zum Schatze des wahren Gesetzes). Dieses Werk stellt eine von Dogens Schüler namens Ejo (1198–1280) zusammengestellte Sammlung von Dogens Reden dar. Aus: Le Bouddhisme Japonais, Paris 1965.

Von der Vollkommenheit des Gebens

(Aus dem Diamant-Sutra)

Sariputra fragte:

– Welches ist die der Welt gemäße und welches ist die überweltliche Vollkommenheit des Gebens?

Subhuti antwortete:

– Die der Welt gemäße Vollkommenheit des Gebens besteht in folgendem:

Der Bodhisattva (der Wegsucher) gibt großzügig allen, die ihn darum bitten; er hängt ja an nichts. Er sagt sich: Ich gebe, damit es ein anderer empfängt; dies ist das Geschenk.

Ich gebe rückhaltlos alles auf, was ich besitze. Ich handle so, wie es Buddha befiehlt. Ich übe die Vollkommenheit des Gebens. Ich habe dies Geschenk für alle Wesen gemeinsam bestimmt, zu deren höchster Erleuchtung und ohne etwas dafür zu wollen.

Durch dies Geschenk, ihm zufolge, mögen alle Wesen in diesem Leben hier fröhlich sein und eines Tages ins Nirwana eintreten!

An drei Dinge denkt der Bodhisattva dabei. Welches sind die drei?

Er denkt an sich, an die andern, er denkt an das Geschenk.

Die überweltliche Vollkommenheit des Gebens jedoch besteht in dreifacher Reinheit. Welches ist diese dreifache Reinheit?

Hier schenkt der Bodhisattva, und er denkt nicht an sich selbst, nicht an den Empfangenden und nicht an die Gabe. Auch nicht an einen Lohn für sein Geschenk. Er übergibt seine Gabe allen Wesen, aber er denkt weder an die Wesen noch an sich selbst. Er weiht sein Geschenk für die höchste Erleuchtung, aber er selbst denkt nicht an Erleuchtung.

Dies, o Sariputra, nennt man die überweltliche Vollkommenheit des Gebens.

Anmerkung: Die vollkommen zweck- und personfreie Handlung des Gebens, die uns in diesem Sutra des Zen-

Buddhismus begegnet, hat in der Literatur des Westens
wenig, was ihr an die Seite gestellt werden kann, da hier,
selbst in seelischen Belangen, eine logische, ja selbst eine
juridische Zweckstruktur zu Worte kommt und jede freie
Handlung alsbald in eine moralische Kategorie eingestuft
und mit Vorzeichen wie: gut und böse, Lohn und Strafe
versehen wird.

War Buddha der einzige?

Ein Mönch stellte folgende Frage:

– Der Pfad ist einzig; alle Erweckten befinden sich
auf dem gleichen Rückwege zum Ursprung. Glaubt Ihr,
daß der Herr Buddha der einzige war, der einen Weg finden
konnte?

Der Kaiser antwortete:

– Der Regen des Frühlings rieselt in gleicher Weise
auf alle Pflanzen herab, und dennoch können die blühen-
den Zweige lang oder kurz sein.

Anmerkung: Der genannte Kaiser ist Trân Thái Tong, der
als erster seiner Dynastie, die den Namen Trân führte, in
Vietnam regierte; er lebte im 13. Jahrhundert. Im Alter von
43 Jahren überließ er den Thron seinem Sohne Trân Hoang
und widmete sich ganz der Zen-Praxis. Er verfaßte zwei Bücher, einen «Führer zum Zen» und «Unterrichtsstunden
über das Leere».

Das Standardwerk des Zen, Shobogenzo – Der Schatz des wahren Gesetzes –, wurde vor etwa siebenhundert Jahren von Altmeister Dogen verfaßt. Es besteht aus 95 Kapiteln und enthält neben unerschöpflicher Weisheit auch Vorschriften und Anleitungen für fast alle praktischen Lebensumstände. Zen soll ja jeden Akt des Tuns und Lassens umfassen. Thich Nhat Hanh, ein Zen-Mönch aus Vietnam, berichtet uns, daß ihm bei seinem Eintritt in ein heimatliches Zenkloster im Alter von 16 Jahren ein kleines Buch in chinesischer Schrift mit der Aufforderung überreicht wurde, es auswendig zu lernen. Es handelte sich um ein «Kleines Handbuch der Disziplin», in vietnamesischer Sprache Luat Tiêu genannt, im gleichen Geiste wie Dogens Shobogenzo verfaßt.

Der Mönchsanwärter, der etwas westliche Bildung genossen hatte, fand dieses Buch naiv und geradezu kindisch und maß ihm im besten Falle eine vorbereitende Rolle für völlig Unwissende zu. Heute – dreißig Jahre später – bekennt er uns:

– Ich weiß nun, daß das «Handbüchlein» das Wesentliche des Zen ausdrückt.

Dazu gibt er uns einige Beispiele:

«Der erste Teil des *Kleinen Handbuches* hat als Titel: ‹Das Wesentliche der Disziplin, wie sie jeden Tag angewendet werden soll›. Er enthält Gedanken zur Vergegenwärtigung des ‹Bewußtseins des Seins› (Samyaksrmrti). Jede Handlung eines Novizen soll von einem Gedanken dieser Art begleitet sein. Zum Beispiel, wenn ich mir die Hände wasche, so soll in mir folgender Gedanke entstehen:

‹Beim Waschen meiner Hände wünsche ich, daß jedermann ganz reine Hände habe, welche die Wahrheit des Erweckten zu halten vermögen.›

Wenn ich im Übungsraume sitze, so muß ich denken:

‹In dieser geraden Haltung sitzend, wünsche ich, daß alle lebenden Wesen auf dem Stuhle der vollkommenen Erweckung sitzen mögen, mit einem Geiste, der von allem Schein und von allem Irrtum frei ist.›

Und selbst wenn ich auf der Toilette bin, sage ich mir:

‹Hier auf der Toilette wünsche ich, daß sich alle Wesen von Gier, Haß, Unwissenheit und von aller anderen Beschmutzung losmachen könnten.›

(…) Nehmen wir an, ich greife heute zum Telefon und will innerlich einen entsprechenden Gedanken wachrufen, so könnte ich sagen (dieses Beispiel befand sich natürlich nicht im alten Büchlein, denn als es verfaßt wurde, gab es keinen Fernsprecher):

‹Indem ich mich des Telefons bediene, wünsche ich, daß sich die lebenden Wesen von Zweifel und Vorurteilen befreien, damit die Verbindungen zwischen ihnen leicht vonstatten gehen.›»

(In: Clefs pour le Zen, Paris 1973.)

Demütige Arbeit

(Aus einem Lehrvortrag von Zenkei Shibayama Roshi, heute Abt des berühmten Zenklosters der Rinzai-Schule Nanzen-ji in Kyoto)

Als ich noch ein junger Mönch, ein Unsui («Wolke und Wasser») war, befand sich neben dem Kloster eine Wohnstätte, wohin sich mein Meister zurückziehen wollte, die aber bis zu jener Zeit vermietet gewesen war. Ich begab mich dorthin, um sie nach dem Auftrage des Meisters zu reinigen. Wie verschmutzt war dort alles! Ich gab mir große Mühe, bis ich die Innenräume ganz gesäubert hatte. Sodann ging ich nach draußen, um den Zustand der Toiletten zu sehen. Das war noch schlimmer! Zudem waren wir im August, und die Hitze machte diesen Ort noch ekelerregender. Ich zögerte wider Willen. Mein Meister, den ich nicht kommen gesehen hatte, schürzte seinen Kimono, nahm mir, barfuß, das Putzzeug aus der Hand und begann, mit dem Lappen die schmutzigen Toiletten zu fegen. Nachdem meine erste Überraschung vorbei war, nahm ich rasch das Putzzeug aus der Hand meines Meisters und begann ohne jeden Hintergedanken die Reinigung. Der Meister sah mich einen Augenblick an und sagte mir:

— Sauberkeit und Schmutz stören dich. Du hast dich noch nicht mit deinem Putzlappen auf gleich und gleich gestellt. Schämst du dich nicht über dein Gebaren?

Ich erinnere mich noch heute beschämt dieser Rede.

(In: Masumi Shibata, Dans les Monastères Zen au Japon, Paris 1972.)

Einen Ziegelstein polieren...

Baso war ein berühmter Zen-Meister, genannt «der Pferdemeister». Er war Schüler von Nangaku, dessen Lehrer der Sechste Patriarch gewesen war. Eines Tages während seiner Studienzeit unter Nangaku saß Baso im Zazen. Er war (so heißt es) ein Mann von großer Gestalt; wenn er sprach, streckte er die Zunge bis zur Nase; seine Stimme war laut und sein Zazen-Sitz vermutlich ausgezeichnet.

Nangaku sah ihn dasitzen wie einen großen Berg oder, wenn man will, wie einen Frosch. Er fragte ihn:

– Was tust du da?

– Ich übe Zazen, antwortete Baso.

– Warum übst du Zazen?

– Ich wünsche die Erleuchtung zu erlangen; ich möchte ein Buddha werden, sagte der Schüler.

Was tat darauf der Meister? Er hob einen Ziegelstein auf und begann, ihn zu polieren. In Japan pflegen wir Backsteine zu polieren, um ihnen einen schönen Glanz zu geben, nachdem sie aus dem Ofen kommen. Baso fragte seinen Meister, als er sah, wie Nangaku anfing, den Ziegel zu polieren:

– Was tut Ihr da?

– Ich möchte aus diesem Backstein einen Edelstein machen, entgegnete Nangaku.

– Wie ist es möglich, aus einem Ziegel ein Juwel zu machen? fragte Baso.

– Wie ist es möglich, ein Buddha zu werden, wenn man Zazen übt? antwortete darauf Nangaku und fuhr fort:

– Du willst Buddhaschaft erreichen? Es gibt keine Buddhaschaft außerhalb deiner alltäglichen Weise zu denken. Wenn ein Wagen nicht vorwärts geht, wen schlägst du mit der Peitsche: den Wagen oder das Pferd? beschloß der Meister seine Rede.

Nangakus Meinung im vorliegenden Falle war diese:

was immer ihr tut, es ist Zazen. Wahres Zazen geht über Liegen im Bett oder Sitzen im Zenraum hinaus. Wenn euer Mann oder eure Frau im Bett liegt, so ist das Zazen. Wenn ihr denkt:

– Ich sitze hier, und mein Partner liegt im Bett, so ist das nicht wahres Zazen, selbst wenn ihr da in Zazenhaltung mit gekreuzten Beinen sitzt. Ihr sollt immer wie ein Frosch sein, der nicht denkt, daß er etwas Besonderes tut. Er sitzt gleich uns, aber er hat von Zazen keine Ahnung. Seht ihn nur an: Wenn ihn etwas ärgert, so wird er eine Grimasse schneiden. Wenn etwas Genießbares in seine Reichweite kommt, so wird er es aufschnappen und fressen, und er frißt... im Sitzen. So ist auch unser Zazen... gar nichts Besonderes. Ihr sollt immer wie ein Frosch sein; das ist wahres Zazen.

Altmeister Dogen machte einen Kommentar zu diesem Koan. Er sagte:

– Wenn Pferdemeister Baso zum Pferdemeister Baso wird, wird Zen zu Zen. Was ist wahres Zazen? Wenn *ihr... ihr selbst* werdet!

(Erzählt von Shunryu Suzuki Roshi, in: Zen Mind, Beginner's Mind, New York 1972).

Anmerkung: Obige bekannte Geschichte wird gelegentlich von Zen-Gegnern falsch gedeutet, als wäre Meister Nangaku ein Gegner des Zazen gewesen, da er sich über seinen Schüler lustig machte. Dies ist nicht der Fall; getadelt wird vielmehr das zweckbedingte, auf Nützlichkeit «Erleuchtung» hinstrebende Zazen Basos: fallen lassen... «nichts fabrizieren», «sich nicht zu schaffen machen!» (Rinzai);

dies wird immer wieder, oft in paradoxen Sätzen, von den Meistern alter Zeit unterstrichen, die sich über das «Sitzen» (Dhyana, Zazen) lustig zu machen scheinen.

Ratschläge an einen Kranken

(Aus einem Lehrvortrag von Meister Daio, Abt des Ken-cho-ji-Klosters in der Kamakura-Zeit)

Die geistige Arbeit während der Krankheit besteht einzig darin, mit unserem Geiste an nichts zu haften. Dies bedeutet: Gebet in diesem Leben und Erweckung im kommenden. Selbst wenn euer Fall für tödlich gilt, werdet ihr sicher genesen.

Selbst wenn ihr sterbet, werdet ihr nicht herumgeistern oder euch in den sechs Wegen und den vier Geburten festlegen. (Anmerkung: Im Mittelalter herrschte der Glaube, durch das Verhalten vor dem Tode werde Glück oder Unglück in einem kommenden Leben bestimmt. Daher wendeten sich die Kranken um Rat an die Zen-Meister; über Wiedergeburt, Paradies und Hölle bestanden bestimmte, stark anthropomorphe Vorstellungen, ähnlich jenen, die uns aus Malerei und Plastik der westlichen Länder bekannt sind.)

Lasset alle Bilder und Vorstellungen völlig fallen. Verbleibt ohne Gedanken; nichts möge sich an euch festklammern. Darin liegt unsere Stärke, und damit stehen wir der Erweckung nahe. Beruft euch auf meine Ratschläge: betrachtet nicht den Buddha, psalmodiert nicht seinen Namen und macht keine anderen Übungen dieser Art. Denn wenn ihr alle diese Dinge durcheinandermischt, so werdet ihr es nicht verdienen, durch die Pforte des Großen Gesetzes einzugehen. Ihr werdet vielmehr in der See von Leben-und-Tod herumirren und die sechs Irrwege nicht verlassen können. Ein alter Meister sagte:

«Wenn ihr (in geistigen Belangen) ein gutes Geschäft machen wollt, wird das Unglück auf euch fallen.»

Wer nach Belehrung durch einen guten Lehrer diese Worte klar erkennt, ist ein starker Mann, der einen uralten Spruch wahr macht, der besagt:

«Der gedankenfreie Pfad ist der Mensch, und der gedankenfreie Mensch ist der Pfad.»

Glaubet daran, ehrlich, ohne auszuweichen. Das Saddharmapundarîka-Sutra erklärt:

«Es ist unmöglich, mit Hilfe von Worten die Erfüllung aller Gesetze zu beschreiben.» Bleibet also gedankenfrei, überlegungsfrei, ob ihr euch bewegt oder nicht, ob ihr sitzet oder lieget. Dann werden alle schlimmen Handlungen reines Licht werden, und die (sonst auseinanderstrebenden) zehn Weltgegenden werden Ruhe und Freude bedeuten. Ihr werdet verstehen, daß selbst unsere Gefühlswallungen zur Erweckung führen, daß unser «Leben-und-Tod» uns zum Nirwana bringt. Wenn ihr von den Schmerzen eurer Krankheit geschüttelt werdet, wenn ihr euch an nichts festhalten könnt, so glaubet tapfer an das, was ich euch gesagt habe. Dann werdet ihr und der wahre Wille Buddhas und der Patriarchen eines werden; Vergangenheit und Gegenwart kommt zur Erfüllung. Zweifelt nicht daran! Zweifelt nicht! Glaubet treu daran!

(In: Masumi Shibata, Dans les Monastères Zen au Japon, Paris 1972.)

156

Die Geschichte vom zweimal verlorenen Sohne

Ein junger Witwer lebte mit seinem Kinde, einem Jungen von fünf Jahren. Eines Tages, als er von der Arbeit heimkehrte, fand er seine Hütte verbrannt; ein durch unerklärliche Ursache entstandenes Feuer hatte mehrere Häuser des kleinen Dorfes eingeäschert. Das Kind war verschwunden. Während der verzweifelte Vater über die Brandstätte irrte, fand er in der Asche einen verkohlten Kinderkörper, völlig unkenntlich, jedoch entsprach seine Größe und Gestalt der seines Kindes. Der Vater weinte bittere Tränen, trug sodann den kleinen Leichnam zu der für solche Zwekke bestimmten Stätte, wo er nach dem ortsüblichen Ritus eingeäschert wurde. Sodann sammelte er die Asche des Kindes in einen Sack, den er von Stund an mit sich trug, gleichgültig, ob er zur Arbeit ging oder sich ausruhte.

In Wirklichkeit aber war das Kind des Witwers nicht in den Flammen umgekommen, sondern von räuberischen Brandstiftern, die auch das Haus angezündet hatten, entführt worden. Eines Tages gelang es dem Jungen, aus seiner Gefangenschaft zu entkommen; er machte sich auf den Weg zum Vater, wo er um Mitternacht ankam. Der Witwer hatte sich eine neue kleine Hütte gezimmert und diese mit einer festen Holztür ausgestattet. Spät legte er sich, den Sack mit der Asche neben sich, zum Schlafen nieder. Um Mitternacht klopfte es an die Türe.

«Wer bist du?» fragte der Hüttenbewohner.

«Ich bin dein Kind, dein Sohn», antwortete eine feine Stimme.

«Du lügst; mein Sohn ist vor drei Monaten gestorben.»

Vergeblich versuchte das Kind, den Vater vom Gegenteil zu überzeugen; dieser weigerte sich hartnäckig zu öffnen, und schließlich lief der Junge weinend davon. Der arme Vater verlor so für immer sein geliebtes Kind.

(Aus dem Sutra der Hundert Gleichnisse)

Kommentar: Unser Gleichnis zeigt folgende Tatsache: Wenn jemand etwas Bestimmtes als absolute Wahrheit angenommen hat, so klammert er sich daran und weigert sich, die Türe seines Herzens zu öffnen, selbst wenn die Wahrheit in Person anklopfen sollte. Wer Zazen übt, muß sich daran gewöhnen und darin üben, sich von seinem Festhalten an Kenntnissen zu befreien und die Türe seines Seins zu öffnen, damit die Wahrheit eintreten kann. Der Mensch, der stark ist, wird fähig sein, sich wirklich von jeder äußeren Autorität zu befreien und in sich selbst die letzte Wahrheit zu erfüllen. Die Wahrheit ist die Wirklichkeit selbst und nicht theoretische Begriffe (Konzepte). Wenn wir uns an eine bestimmte Zahl von Begriffen anklammern und diese für die Wirklichkeit halten, so verlieren wir die Wirklichkeit. Daher muß man die Konzepte der Wirklichkeit «töten», damit sich die Wirklichkeit selbst offenbaren kann. Den Buddha zu töten, ist zweifellos das einzige Mittel, ihn zu sehen. Der Begriff, den man sich von ihm machte, hindert, Buddha selbst zu sehen.

(Aus: Thich Nhat Hanh, Clefs pour le Zen, Paris 1973)

Fehler beim Zazen-Üben

Es gibt verschiedene Abwege beim Zazen, auf die ihr achten sollt.

Wenn ihr Zazen übt, so werdet ihr gewöhnlich sehr idealistisch: ihr stellt ein Ideal, ein Ziel auf, das zu erreichen, zu erfüllen ihr euch bemüht. Dies ist jedoch, wie ich es oft sagte, widersinnig. Wenn ihr idealistisch denkt, so habt ihr in euch die Idee eines Gewinnes. Sobald ihr euer Ideal oder Ziel erreicht, wird eure Idee an Gewinn ein anderes Idealziel schaffen. Solange eure Praxis auf eine Idee von Gewinn gestellt ist und ihr euer Zazen in solch idealistischer Weise macht, werdet ihr keine Zeit haben, euer Ideal tatsächlich zu erreichen. Nicht nur das allein: ihr werdet dabei den Kern eurer Praxis opfern. Da euer Ziel immer vor euch schwebt, werdet ihr euch selbst jeweils für ein Ideal in der Zukunft aufopfern. Ihr werdet damit nichts erreichen. Dies ist sinnlos; es ist keineswegs eine angemessene Art der Praxis. Was aber noch schlimmer ist als diese idealistische Haltung, ist, Zazen im Wettstreit mit jemand anderem zu machen. Dies ist eine schlechte, niedrige Art.

Unser Weg, das Soto, spricht von *shikan taza,* das heißt: «einfach sitzen». Wir besitzen keinen eigenen Namen für unser Üben; wenn wir Zazen üben, so tun wir es einfach; ob wir nun Freude daran finden oder nicht, wir tun es einfach. Selbst wenn wir schläfrig sind, wenn wir müde vom Zazen-Üben werden und davon, das gleiche Tag für Tag zu wiederholen: selbst dann setzen wir unsere Übung fort. Ob nun jemand unsere Arbeit anspornt oder nicht, wir tun sie einfach.

Selbst wenn ihr Zazen allein übt, ohne Lehrer, so denke ich, daß ihr einen Weg finden werdet, um zu sehen, ob eure Methode gut ist oder nicht. Wenn ihr vom Sitzen müde seid oder wenn euch eure Übungen zum Halse heraushängen, so sollt ihr dies als ein Warnungs-Signal ansehen. Ihr werdet entmutigt, wenn eure Praxis zu idealistisch war. In diesem Falle steckt in eurer Übung ein Gedanke von Gewinn, und sie ist nicht genügend rein. Wenn eure Zazen-Praxis auf etwas hinstrebt, so werdet ihr dadurch entmutigt. Ihr solltet also dankbar dafür sein, daß dann ein Zeichen, ein Warnsignal erscheint, das euch den schwachen Punkt eurer Arbeit zeigt. Wenn es soweit ist, so könnt ihr, unter Vergessen all eurer Irrtümer, euch neu auf den Weg machen und eure ursprüngliche Übungsweise wieder aufnehmen.

Dies ist ein sehr wichtiger Punkt.

Solange ihr euer Üben fortsetzt, ist alles in Ordnung, aber wenn es schwer wird, weiter fortzufahren, müßt ihr einen Weg finden, um euch selbst zu ermutigen... Allein mag dies eher schwierig sein. Daher haben wir einen Lehrer. Mit eurem Lehrer zusammen könnt ihr eure Praxis verbessern. Gewiß wird er es euch nicht leichtmachen, aber so seid ihr wenigstens gegen ein falsches Üben gesichert.

Die meisten Zen-Leute haben es mit ihren Lehrern schwer gehabt. Wenn sie über ihre Schwierigkeiten reden, so könntet ihr denken, daß es unmöglich ist, Zazen ohne diese harten Stunden zu tun. Dies aber ist nicht wahr. Ob ihr beim Üben Schwierigkeiten habt oder nicht, solange wie ihr damit fortfahrt, ist es reines Üben im wahren Sinne. Selbst wenn ihr nicht dessen gewahr werdet, so seid ihr doch auf dem richtigen Wege. So sagte Zen-Meister Dogen:

«Denkt nicht, daß ihr unbedingt eurer eigenen Erweckung gewahr werdet.»

Ob ihr davon wißt oder nicht, ihr besitzt bereits eure eigene wahre Erleuchtung in und durch eure Praxis.

Ein anderer Fehler ist es, Zazen zu üben, um dadurch Freude zu finden. Wenn eure Praxis mit einem Gefühl der Freude verbunden ist, so ist sie ebenfalls nicht sehr gut. Gewiß ist sie nicht schlecht, aber, mit dem wahren Zazen-Üben verglichen, ist sie nicht gerade gut. Der Hinayana-Buddhismus unterscheidet vier Wege der Praxis. Der beste davon ist, einfach zu üben, ohne irgendeine Freude daran zu haben, nicht einmal eine geistliche Freude. Dieser Weg bedeutet: übt einfach, vergeßt eure körperlichen und geistigen Gefühle, vergeßt beim Üben alles, was euch selbst betrifft. Dies ist die vierte, die höchste Stufe.

Die zweithöchste ist, nur physische Freude am Zazen zu haben. Auf dieser Stufe erlebt ihr durch euer Üben eine Art von Annehmlichkeit ... Auf einer weiteren Stufe empfindet ihr körperliche und geistige Freude, ihr fühlt euch einfach wohl. Auf diesen beiden Mittelstufen übt ihr, da ihr euch dabei, wie ich sagte, wohl in eurer Haut fühlt. Die erste, unterste Stufe ist vorhanden, wenn ihr beim Üben gedankenlos und ohne Interesse daran seid.

Diese vier Stufen lassen sich auch auf unsere Mahayana-Praxis anwenden: die höchste davon ist: einfach üben.

Wenn ihr Schwierigkeiten beim Zazen habt, so ist dies eine Warnung, daß etwas bei euch nicht stimmt, und ihr müßt darauf achten. Gebt aber euer Üben nicht auf; fahret damit nur fort, auch wenn ihr euch eurer Schwachheit bewußt seid. Zazen hat nichts mit dem Gedanken zu tun, etwas zu gewinnen, oder mit der fixen Idee, etwas zu erreichen. Sagt nicht: Dies ist die Erleuchtung! – oder: Dies ist nicht die richtige Praxis. – Selbst im schlechten Üben steckt etwas Richtiges, wenn ihr es nur erfaßt und weiter übt. Unser Üben kann nicht vollkommen sein; wir dürfen uns nicht entmutigen lassen, wir müssen es fortführen. Dies ist das Geheimnis.

Wenn ihr nun eine Ermutigung in eurer Entmutigung finden wollt, so wißt, daß eure Ermüdung selbst den Ansporn enthält. Wenn ihr nicht mehr Lust habt, zu sitzen, so ist dies ein Warnsignal. Es ist gleich dem Zahnweh, sobald ihr schlechte Zähne habt. Wenn euch die Zähne wehtun, so geht ihr zum Zahnarzt. Das ist das Richtige.

… Wenn ihr den Grund eurer Schwierigkeit begreift, nämlich eine fixe oder einseitige Idee, so könnt ihr den Sinn verschiedenen Übens erfassen, ohne euch auf nur eine Art davon festzulegen. Andernfalls werdet ihr euch leicht einfangen lassen und sagen: Dies ist Erleuchtung! Dies ist das richtige Üben. Das ist unser Weg. Die übrigen Methoden sind unvollkommen. Dies ist der beste Weg!

All dies ist ein schwerer Irrtum. Wahre Praxis kennt keinen speziellen Weg. Ihr müßt euren eigenen Weg finden und wissen, wie ihr im gegenwärtigen Augenblicke übt. Wenn ihr Vor- und Nachteile dieser und jener Übungstechnik kennt, so könnt ihr gefahrlos einen bestimmten Weg gehen. Wenn ihr aber nur einen einseitigen Gesichtspunkt habt, so werdet ihr den Nachteil der einen Technik verkennen und nur ihre Lichtseiten hervorheben. Möglicherweise werdet ihr den schlimmsten Weg entdekken und entmutigt werden, wenn es zu spät ist. Dies ist unklug. Wir sollten dankbar sein, daß unsere Altmeister diesen Fehler aufgezeigt haben.   Shunryu Suzuki

Roshi Shunryu Suzuki, der Verfasser obiger Ansprache, steht in der geistigen Nachkommenschaft des großen Altmeisters Dogen. Im Jahre 1958 kam er aus Japan, wo er bereits großes Ansehen als Zenmeister genoß, nach Amerika mit der Absicht, einen kurzen Besuch zu machen. Er fand jedoch in Kalifornien ein so starkes Bedürfnis nach Zen, daß er sich entschloß, dortzubleiben und eine Reihe von Zen-Zentren zu gründen. Roshi Suzuki starb im Dezember 1971 im Zen-Zentrum bei San Francisco im Alter von 71 Jahren. Seine «formlosen Reden über Zen-Versenkung und Praxis» wurden unter dem Titel «Zen Mind, Beginner's Mind», New York 1970, von seinen Schülern herausgegeben. Es handelt sich um etwa drei Dutzend kurzer Ansprachen, die in direkter, eindringlicher Form praktische Fragen des Zen behandeln und die, was für uns wertvoll ist, sich direkt an die Menschen des Westens wenden.

Die Wesenheit des Zen
(Zazen-Shin)

Meister Dogen:
(Aus: Shobogenzo; Eihei Koroku)

Die Wesenheit des Zen ist von Buddha zu Buddha überliefert worden, von Meister zu Meister. Sie ist ohne begriffliche Deutung verwirklicht worden, sie ist ohne Frage nach dem Warum erfüllt worden.

Da sie ohne Gedanklichkeit verwirklicht wurde, erschafft sie sich ganz natürlich, in tiefster Einheitlichkeit.

Da sie ohne Beziehung auf irgend etwas sich darstellt, ist sie unbewußtes Satori.

Da diese Verwirklichung im tiefsten Grunde vor sich geht, kann die Wesenheit des Zen niemals befleckt noch unrein sein.

Da sie in unbewußtem Satori besteht, kann sie keinen Begriffen wie gerade oder krumm unterworfen werden.

Da diese tiefste Innerlichkeit niemals gerade oder krumm ist, enthüllt sie sich von selbst unbewußt. Ohne Bewußtsein ihrer selbst.

Da ihr Satori niemals gerade oder krumm ist, ist es auch seinem eigenen Wege überlassen.

Das Wasser ist rein und so durchdringt es die Tiefe der Erde. Wenn der Fisch schwimmt, ist er Fisch.

Der Himmel ist weit und bis zu den Grenzen des Universums durchsichtig klar. Wenn der Vogel fliegt, ist er Vogel.

Kodo Sawaki machte dazu folgenden Kommentar:
Das Dunkel des Pinienschattens
hängt
von der Klarheit des Mondes ab.

Mit einer Fußverletzung

Wenn meine Eltern hier wären,
oder... hätt ich eine Frau,
wie wäre es leicht,
dies zu ertragen!
Doch ich bin allein

im verstaubten Raum,
auf verschlißner Matratze...
An Hiob denk ich
aus dem Alten Testament
und so... kann ich
die nagende Pein ertragen.

Ich bin dankbar dafür.
Die Leute draußen, die denken:
Ja, wenn wir krank werden,
unser Erspartes verlieren,
wenn unsre Arbeit davonschwimmt...
Immer ein «Wenn».
Darum haben sie Angst
vor der Zukunft.

Aber für mich...

Selbst wenn ich krank werde,
nichts von früher erspart hab',
auch nicht weiß, womit
ich was verdienen soll...
selbst wenn ich nichts
zu essen habe und wenn ich
verhungern soll...

Daran ist nichts Besondres.
Ich bin dankbar dafür.

Geschrieben im November 1952.   Kosho Uchiyama

Kosho Uchiyama Rôshi, Abt von Antai-ji, schreibt in seinem im Westen noch unveröffentlichten Werke «Koch-
buch des Lebens» dieses Gedicht. Anlaß dazu war eine
schlimme Fußverletzung, die er sich in einer Zeit zugezo-
gen hatte, da er ganz auf sich gestellt war und auch nicht die
nötigen Mittel besaß, einen Arzt zu konsultieren. In seiner
Schlichtheit ist dieses Gedicht ein sprechendes Zeugnis für
den Geist des Zen. Der Mensch lebt gleichsam in einem
ständigen Augenblick und bejaht diesen, gleichgültig, ob
gut oder schlecht, sofern er nicht zu ändern ist.

(Uchiyama Rôshi gestattete mir, sein Gedicht zu übersetz-
zen und im Rahmen dieses Buches zu veröffentlichen.)

Zen-Gespräche aus unserer Zeit

In den Zen-Texten fällt oft ein eigenartiger Humor
auf, der uns nicht immer verständlich ist und der von bei-
ßender Ironie bis zur Selbstverspottung, ja bis zur Blasphe-
mie gehen kann, die mit unflätigen Worten heilige Tabus
zerstört. In Koans und Mondos geht es anscheinend um
den systematischen Versuch, alles im Zen und im Buddhismus in Frage zu stellen, den Hörer aus seiner Selbstsicher-
heit zu reißen, ihn ständig in Unsicherheit zu stoßen und
damit zu zwingen, sein Weltbild immer wieder neu aufzubauen.

In Zenklöstern wird viel gelacht und auch viel ge-
spottet. Man wird dabei an die sogenannte «romantische
Ironie» erinnert. Diese Tradition ist auch heute nicht abge-
rissen, wofür folgende wahre Anekdoten aus der Gegen-

wart zeugen. Da es sich um noch lebende Personen handelt, sind die Namen nicht genannt.

Ein Europäer, der sich seit Jahren ernstlich um Zen mühte, wurde von einem Klostervorsteher empfangen. Dieser bewirtete seinen Gast äußerst liebenswürdig, zeigte ihm Kloster und Garten und beantwortete ausführlich alle, das Zen betreffenden Fragen. Der Meister fragte zum Abschluß, ob der Besucher noch irgend etwas zu wissen wünsche.

Der Betreffende antwortete:

– Roshi, Sie haben mir so viel Zeit geopfert und viele bedeutende Dinge gesagt. Hätten Sie mir noch einen besonderen Rat zu geben, was ich weiterhin tun soll?

Der Meister, der sich deutsch unterhalten hatte – er kennt die Sprache aus seiner Studienzeit in Deutschland –, antwortete ruhig, anscheinend ohne jede Ironie:

– Ich weiß wirklich nicht. Aber … möglicherweise ist Zen etwas, das Ihnen gar nicht entspricht. Vielleicht sehen Sie sich nach etwas anderem um.

Der Besucher erstarrte:

– Meister, wie können Sie … Was meinen Sie damit?

Die Antwort, ebenfalls mit vollem Ernste vorgetragen, war:

– Ich frage mich, warum Sie sich ausgerechnet auf den Zen-Weg gestellt haben? Was soll das eigentlich?

Der Angegriffene entgegnete, ohne zu zögern; es kam spontan aus ihm:

– Der Roshi möge wissen, daß nicht ich das Zen gesucht habe. Zen hat sich einfach auf meinen Weg gestellt; ich kann ihm nicht ausweichen.

Darauf verneigte sich der Meister tief und sagte jetzt mit warmer Stimme:

– In diesem Falle müssen Sie den Weg weitergehen bis zum Tode.

*

Ein katholischer Ordensmann, der lange Zen geübt hatte, erzählte einem ihm gut bekannten Zen-Abt ganz stolz von seiner «Erleuchtung».

Der Abt hörte schweigend zu und fragte dann unmittelbar:

– Sind Sie sicher, daß Sie Ihre Erleuchtung heute noch besitzen?

– Ja, warum nicht? war die verblüffte Antwort. Wenn man sie einmal hat, so gibt es keinen Zweifel mehr daran!

Der Abt hielt einen Augenblick lächelnd inne und fragte dann behutsam:

– Sie sagen doch, daß Gott allmächtig ist. Kann er Ihnen die «Erleuchtung», deren Sie so sicher sind, nicht wieder abgenommen haben?

*

Eine in Zen-Kreisen bekannte europäische Schriftstellerin hatte es erreicht, von einem ebenso berühmten wie witzigen Zen-Meister im Kloster für einige Zeit die Erlaubnis zum Aufenthalt und zum Zen-Üben zu erhalten.

Später erzählte der betagte Meister seinem Freunde von diesem, sich etwas lange ausdehnenden Besuch der Dame und sagte mit gewinnendem Lächeln:

– Frau X. drohte, sie würde einfach nicht mehr von hier weggehen, bis sie zur Erleuchtung, zum Satori gekommen sei.

– Hat sie es denn erreicht? fragte der Gesprächs-
partner.

– Schon, schon, war die schmunzelnd gegebene Antwort. Nur habe ich dabei etwas nachgeholfen, sonst wäre
sie noch heute in unserem Kloster.

*

Ein Zen-Meister, der öfters nach Amerika eingeladen
wird, um dort Zen zu lehren, wurde von einem katholi-
schen Ordenspriester, einem Japaner, der im Zen steht, gefragt:

– Wie kommt es, daß man von uns verlangt, unsere
Knie und Beine stundenlang abzuquälen? Soweit ich weiß,
haben die chinesischen Meister des Ch'an, aus dem ja das
Zen hervorging, lange Zeit nicht im Lotussitz gesessen.
Warum tun wir es also?

Der Roshi war über die Frage so erstaunt, daß er zunächst keine Antwort wußte. Nach einer Pause entgegnete
er mit feinem Lächeln:

– Wahrscheinlich sitzen wir so, weil wir sonst in
Amerika keine so gute Propaganda für Zen machen könnten.

*

Ein Zen-Schüler fragte seinen Meister, was er tun sol-
le, wenn seine Knie während des Zazen stark schmerzten.
Die Zeit bis zum Ertönen der erlösenden Glockenschläge
scheine ihm eine Ewigkeit lang.

– Da gibt es ein einfaches Mittel, war die Antwort.
Wenn die Zeit unerträglich lang wird, so sagen Sie sich al-
len Ernstes: Das Glöckchen wird ohnedies niemals ertönen.
Daher ist es völlig zwecklos, daran zu denken. Machen Sie

sich mit dieser Hoffnungslosigkeit innerlich ganz vertraut und Sie werden über die Wartezeit hinwegkommen.

*

Sake ins Wasser

Ein Kloster bezog seinen Sake (Reiswein) aus einem naheliegenden Laden. Die Mönche stellten jedoch fest, daß sich die Qualität des Getränkes zunehmend verschlechterte, da der Sake wäßrig schmeckte.

Der Ökonom beschwerte sich daraufhin bei der Schankbesitzerin und drohte:

– Wenn du Wasser in den Sake schüttest, so kommst du bestimmt in die Hölle.

Die Frau beteuerte weinend, es würde dies nicht mehr vorkommen.

In der nächsten Woche schmeckte jedoch der Reiswein schlechter als jemals zuvor.

Neuerdings wurde der Ökonom bei der Sakehändlerin vorstellig und erinnerte sie an ihr Versprechen.

Mit unschuldiger Miene antwortete die Dame:

– Ich habe mein Wort gehalten. Diesmal habe ich Sake ins Wasser gegossen; das habt ihr mir ja nicht verboten.

Uchiyama Roshi, der diese Geschichte erzählt, vergleicht die schlaue Weinhändlerin mit vielen heutigen sogenannten Meditationslehrern. Diese schütten ins Wasser ihrer eigenen Nichtigkeit – da sie nichts zu sagen haben – etwas Sake. Das heißt: Illusionen, große Worte, exotische Zeremonien, Mantras und ähnliche «Spielzeuge», wie er es nennt, um Leichtgläubige anzulocken.

ANHANG

I. Graphische Skizzen

Zur Veranschaulichung einiger Gesichtspunkte des Zen-Weges

A Gegenständliche Meditation und Versenkung

1. Gegenständliche Meditation: vergleichbar einer Aufeinanderfolge von Bildern (Gedankenassoziationen), die ein bestimmtes Thema betreffen: 1 + 2 + 3 + 4 ... (z. B. Gott, ein Mantra, eine willkürliche Vorstellung). Wichtig ist dabei die gedankliche Arbeit. Der Betrachtende steht als Subjekt seinem Betrachtungsobjekt gegenüber (Dualismus).

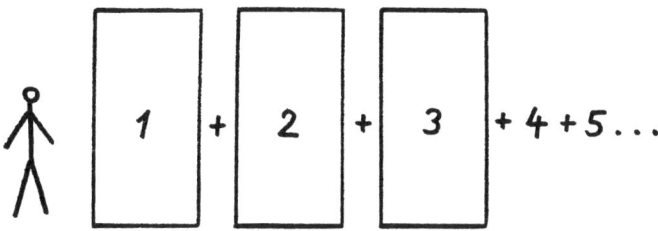

2. Grundverschieden von der gegenständlichen Meditation ist die Versenkung im Zen (oft mißverständlich «Meditation» genannt): der Betrachtende läßt die Gedanken fallen, schließt jede bildliche Vorstellung aus, bleibt dabei aber hellwach. Zu vergleichen mit einer Maschine, die auf vollen Touren läuft, ohne jedoch etwas zu produzieren. Das «Ich» «verdünnt sich» (Lassalle). Die Aufmerksamkeit ist einzig auf die Details richtiger Körperhaltung und At-

mung gerichtet. Der Betrachtende steht nur seinem «Selbst» gegenüber; verschiedene Wörter drücken bestimmte Aspekte der Versenkung aus:

Zazen = in innerer Sammlung sitzen.

Shikan-taza = einfach sitzen (in richtiger innerer Haltung, ohne irgend etwas anzustreben).

Sajo-Zen = unterstreicht die völlige Abwesenheit von jeglicher Absicht bei Zazen.

Samâdhi drückt die tiefe Versenkung aus, bei welcher der Geist völlig zur Ruhe gekommen ist.

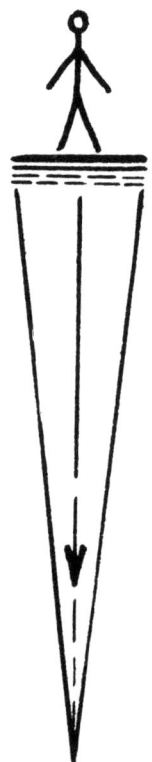

B Psychischer Vorgang beim Zazen

1. Die Linie A–Zz drückt die ideale, geradlinige, gedankenfreie Zazen-Übung (A = der Übende, Zz = Zazen) aus.

A′ zeigt die oft eintretende Abschweifung: Gedanken
tauchen auf, die zu weiteren Gedankenassoziationen führen; Zazen wird dadurch unterbrochen und wertlos. Das
gleiche geschieht, wenn der Übende ermüdet und zu dösen
beginnt (A″), wobei Traumbilder und Bewußtseins-
schwund sich einstellen; dieses Zazen ist ebenfalls wertlos
und wird daher «totes Zazen» genannt.

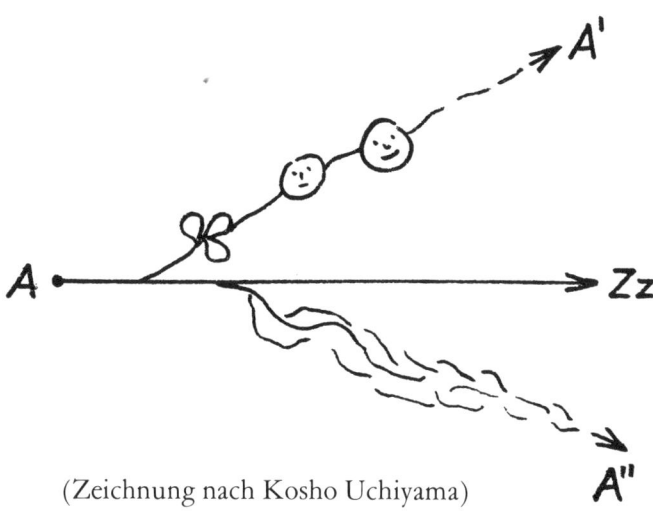

(Zeichnung nach Kosho Uchiyama)

2. Gewöhnlich ist es nicht möglich, das Aufsteigen von Gedanken zu unterdrücken (Zickzacklinie A–B). Wichtig ist
jedoch, immer wieder auf die ideale, gedankenfreie Linie A–
Zz zurückzustreben, was hier in Form einer Zickzackbewe-
gung dargestellt wird. Dies ist der normale Vorgang guten

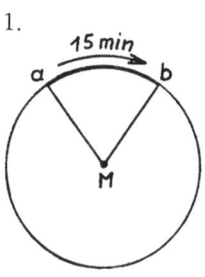

A • 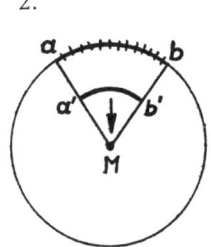 B → Zz

Zazens. Es wird immer betont: den Gedanken nicht nach-
geben, sie auch nicht bekämpfen, jedoch immer aufs neue
geistig zur Linie A–Zz zurückkommen.

C Zeitverkürzung beim Zazen

1. Zeitablauf im normalen Leben: Der Kreis stellt die Dauer einer Stunde dar, die Linie a–b einen Teil davon (etwa
15 Minuten), die vom Subjekt «M» (Mensch) als 15 Minuten Uhrzeit erlebt werden. Wir müssen jedoch zwischen
einer äußeren, durch Apparate meßbaren Zeit und einer
psychischen Zeit, von H. Bergson «Dauer» (durée) genannt, unterscheiden. Erstere ist willkürlich eingeteilt
(Uhren) oder durch Beobachtung errechnet worden (Ge-
stirne, Jahreszeiten). Anders verläuft die innere Zeit, die
wir wirklich *erleben*. Diese kann, an der äußeren Zeit gemes-
sen, kürzer oder länger sein. Man hört oft: Die Stunden ver-
flogen wie Minuten, oder aber: Diese zehn Sekunden erschienen mir lang wie ein Tag.

1.

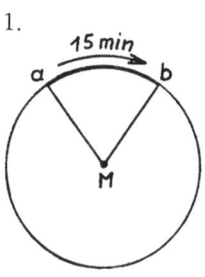

2.

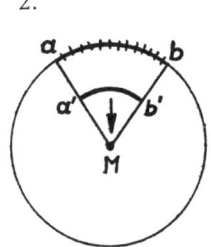

2. Beim Zazen-Üben ist dieser Zeitunterschied deutlich zu beobachten. Wenn wir unseren Gedanken nachhängen, so bleiben wir in der äußeren Zeit verhaftet: a–b (gleich 15 Minuten) kann dabei äußerst lang erscheinen; versenken wir uns jedoch wirklich, dann verkürzt sich unser Zeiterlebnis: die Linie a′–b′ ist wesentlich kürzer als a–b. Je näher wir dem inneren Mittelpunkt (unserem Ich) kommen, desto kürzer wird die erlebte Dauer. Die Vergegenwärtigung dieser Tatsache kann uns bei langem Zazen-Üben zu Hilfe kommen.

D Der Mensch im Zen

Der Mensch (M), der in die Versenkung (Zz = Zazen) taucht, schließt während des Zazen alle äußeren und inneren Wahrnehmungen nach Möglichkeit aus: Umgebung, Körpergefühle, Gedanken, Erinnerungen, weltanschauliche Überzeugung, Neigungen und Abneigungen, Liebe und Haß usw.

Er steht gewissermaßen in seiner Todesstunde, vor dem Nichts (Mu), in der alle Elemente, die seine Existenz ausmachten, verschwinden; in diesem Sinn bedeutet Zazen den «großen Tod» (in der Skizze durch Minuszeichen ausgedrückt).

Tritt der Mensch dann wieder ins äußere Leben (L) ein, so erstehen wieder alle seine Fähigkeiten, Strebungen, Gefühle ... Er kehrt in den Lebenskreis zurück; doch denkt, handelt und lebt er auf Grund seiner Zen-Erfahrung anders als bisher (durch Pluszeichen ausgedrückt).

Die Stellung des Menschen im Zen beruht auf einem

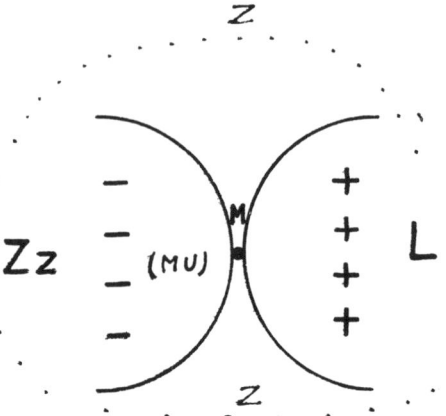

logischen Paradox, das – vital erlebt – jedoch eine Einheit,
die «Zen-Einheit» darstellt. Zen umfaßt beides, Leben und
Tod; Zen ist, wie es heißt, «jenseits von Leben und Tod».

Wir stehen im Zen (Z), nach wie vor.

E Das «Ich» im Zen (in psychischer Erfahrung)

1. Im Normalzustand, d. h. im gewöhnlichen Leben ohne
Zen-Erfahrung, erfaßt das Ich einen begrenzten Sektor des
Möglichen (a–b–c), bedingt durch Anlage, Vererbung, Er-
ziehung, Milieu, Erfahrung… (die Daseins-Elemente).

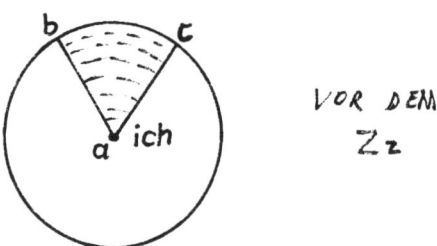

2. Im Laufe der Versenkung (Zazen) löst sich das Ich langsam aus seiner Begrenzung, überschreitet diese, lockert seine materielle Gebundenheit an die Daseinselemente und überwindet den Schein (die Idee einer «Substanz»).

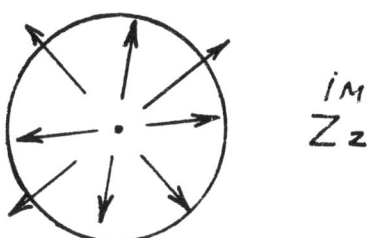

3. Späterhin wird das Ich völlig abgebaut; das Bewußtsein verschwindet nicht, da der Zustand des Wachseins eine wesentliche Vorausbedingung des Zazen ist (im Gegensatz zu anderen Arten der Versenkung, die mit Bewußtseinsverminderung arbeiten). Auch der Zustand des Samadhi (tiefe Versenkung) und selbst das Satori (Erweckung, oft auch, leicht irreführend, «Erleuchtung» genannt), dessen wir uns gewöhnlich nicht bewußt werden und das wir auf keinen Fall anstreben dürfen (Lehre Meister Dogens!), löschen das Bewußtsein nicht aus, sondern bringen es auf eine hohe Stufe. Wir werden zu einer Pendeltür (swinging door, nach Suzuki Roshi): Objekt und Subjekt verschmelzen in der neuen Erfahrung zu einer Einheit.

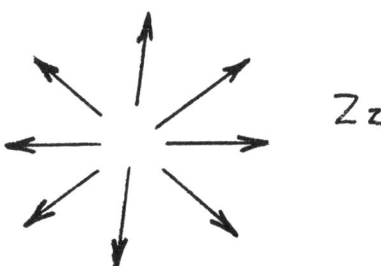

F Drei Weltanschauungen

1. Weg der Wissenschaft: Die Entwicklung der Welt (Kosmos) wird als eine endlose Spirale gesehen: Anfang und Ende sind unübersehbar; die Frage nach Ursprung und Ziel wird unterschiedlich beantwortet: als mechanistischer Zufall (Materialismus), als immanente Zielgerichtetheit

IN DER WISSENSCHAFT

(dialektischer Materialismus) und andere, letzten Endes mit diesem konvergierende Theorien; in religiöser Sicht wird Gott an den Anfang der Weltentwicklung als Schöpfer gestellt; die Evolution erscheint als Werk Gottes mit bestimmter Zielsetzung.

(Die genannten Erklärungen schöpfen das Thema nicht aus, sie sind hier bewußt vereinfacht und damit unvollkommen dargestellt.)

Im Zen-Buddhismus wird die Frage nach Ursprung und Ziel der Welt ausgeklammert; wichtig ist nur der gegenwärtige Zustand der Welt; Ziel ist für uns, das Leid auszulöschen.

2. Teilhard de Chardin sieht die Entwicklung der Welt als Pyramide, als zielgerichtete Evolution, zu immer höherer Vergeistigung und Vereinheitlichung strebend, um eine Achse (Gott) rotierend. Merksteine auf diesem Wege wären: die Erscheinung des Lebens (B = Biosphäre), das Auftreten des Menschen (des Geistes) (N = Noosphäre) und die Erscheinung des historischen Christus (Ch). Das «En-

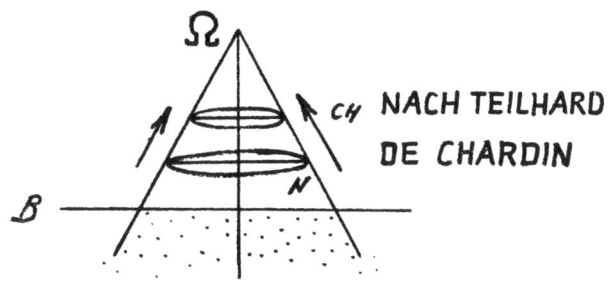

de» der Welt wäre der Punkt Omega, d. h. die Vollendung der Welt, vor allem des Menschen in einer «Vergöttlichung»: Eintauchen in Gott, wobei anderseits Gott gleichsam herabsteigt, als «zweites Omega», und mit der vollendeten Schöpfung verschmilzt, wobei jedoch größter Wert auf das Weiterbestehen der *Persönlichkeit* der bewußten Elemente der Noosphäre (der Menschheit) und Gottes gelegt wird. Im Endstadium bleibt also ein bestimmter Dualismus bestehen, wenn Teilhard auch gerne seinen «Pantheismus» betont. Teilhard bleibt im «Substanz»-Begriff verhaftet.

3. In der Anschauung des Zen, das nicht nach der Weltentwicklung fragt, wird – pragmatisch – gesagt: Es handelt sich darum, daß der Mensch heute, nachdem er alle Möglichkeiten eines äußeren Fortschrittes ausgeschöpft hat (Er-

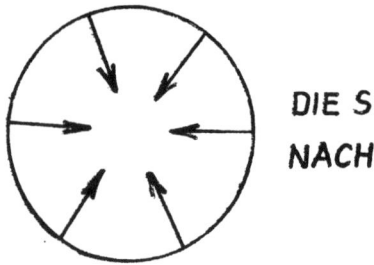

DIE SCHAU NACH INNEN

oberung des Weltraums, Beherrschung der Materie und der Psyche), eine neue Dimension sucht, nämlich die Schau *nach innen,* die Entdeckung seines wahren Selbst (nach Lama Govinda, der im tibetanischen Buddhismus steht und in diesem wesentlichen Punkte mit dem Zen-Buddhismus übereinstimmt).

G «Der Wasserfall» (nach Suzuki Roshi)

In einem von Shunryu Suzuki Roshi vorgeschlagenen Vergleiche wäre das Geschehen folgendermaßen zu sehen: Der ursprüngliche Strom (Lebenswirklichkeit als solche) teilt sich im Laufe des Weltgeschehens (Welt der Erscheinungen) in Myriaden von Tröpfchen (Individuen, Elemente der sichtbaren Welt), die letzten Endes wieder in den Lebensstrom einmünden, gleich den zahllosen Teilchen eines Wasserfalles, die schließlich wieder in das Strom-Becken münden.

Es wäre jedoch falsch, in diesem Bilde in primitiver Weise ein «Aufgehen im All» zu sehen, wie vielfach die östliche Schau von Außenstehenden interpretiert wird. Der Lebensstrom, Nirwana, bedeutet wohl Auslöschen von Jetzt und Hier, Überschreiten der sichtbaren Welt im «Ganz An-

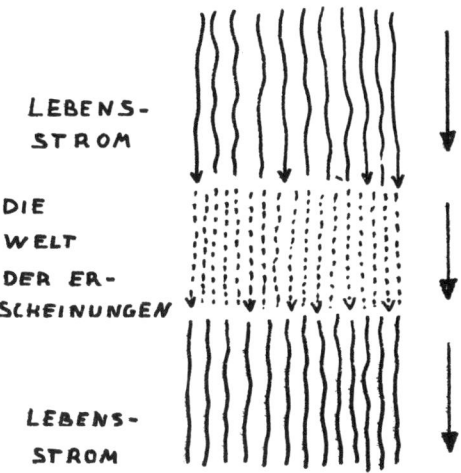

LEBENS-
STROM

DIE
WELT
DER ER-
SCHEINUNGEN

LEBENS-
STROM

dern», nicht jedoch den absoluten Tod. Die wahre Bedeutung dieses Geschehens erschließt sich nicht dem logischen, dialektischen Denken, sondern der im Zen erreich-
baren inneren Erfahrung.

H Verhältnis zu Gott und zum Nächsten

1. In christlicher, traditioneller Sicht (Dualismus) wird
angenommen, daß der Mensch (A, B, C, D, E) den Weg zu

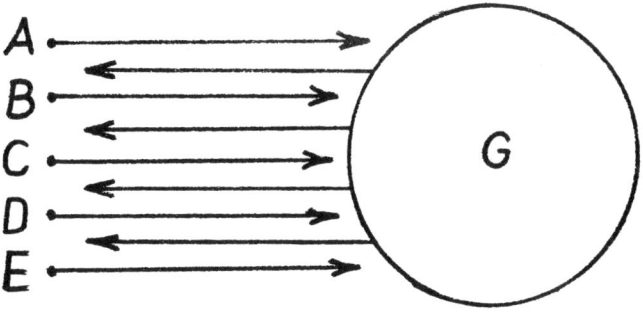

Gott durch Gebet, Liebe, Hingabe findet. Gott (G) antwortet darauf durch seine Liebe, durch die Gnade, die auch ohne Zutat des Menschen als freies Geschenk wirken kann.

2. Das Verhältnis zum Nächsten geht über Gott: Ich liebe meinen Nächsten, weil ich Gott liebe; dadurch geht gleichsam der Wechselstrom zwischen A und B über G. (Diese Darstellung ist rein schematisch und daher unvollkommen; sie entspricht jedoch der traditionellen Sicht. Entscheidend ist dabei das Festhalten an der Trennung zwischen Ich und Du. Dem persönlichen Ich [A, B usw.] steht immer ein persönlich gedachtes Du oder «Er» gegenüber

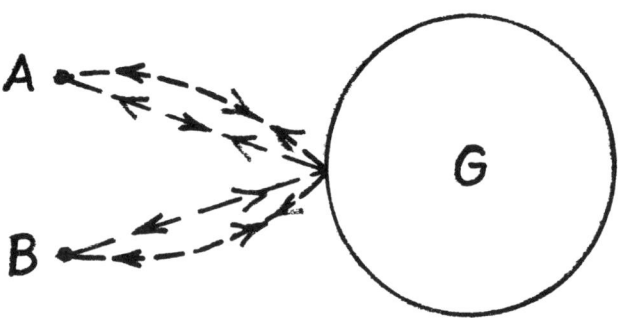

[G], eine Unterscheidung, die selbst im Falle tiefster Versenkung [Mystik, Ekstase] nicht verwischt wird. In diesem Problembereich besteht wohl bisher die größte Schwierigkeit der Begegnung zwischen Ost und West. Er kann wohl – ohne völliges Umdenken – auf der Ebene des Verstandes nicht gelöst werden, solange einem Konzept ein anderes gegenübergestellt wird.

I «Leben in allen»

1. Teilhard de Chardin geht über die traditionelle Sicht der
Verbindung von Mensch zu Mensch hinaus; die Verbin-
dung aller mit allen gründet er auf die bilogisch-seelische
Zusammengehörigkeit: «Der Mensch ist eine Masche des

VERBINDUNG ALLER
(NACH T. D. CHARDIN)

Kosmos» (dargestellt durch viele kleine Kreise innerhalb
eines großen Kreises). Nach Teilhard strebt die Schöpfung
– in erster Linie die Menschheit – einer allgemeinen «Amo-
risation» (Liebes-Vereinheitlichung) zu, und zwar im Ver-
laufe ihrer «Totalisation».

2. Zen sagt: «Wir sind alle miteinander verbunden und
leben ein einziges Leben» (Kosho Uchiyama Roshi). Die
allumfassende Liebe ist ein Grundsatz des Zen-Buddhismus: «Wie zahllos auch die Wesen seien, ich gelobe, sie alle

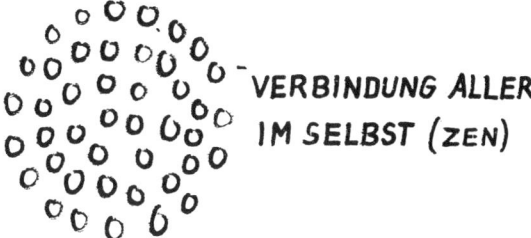

VERBINDUNG ALLER
IM SELBST (ZEN)

zu retten» (Gelöbnis des Bodhisattvas). Diese Einstellung wird nicht eigens durch das Vorhandensein eines anderen, persönlichen, von der Welt getrennten Wesens begründet. Es ist eine Verbindung aller im «Selbst». Dieses «Selbst» ist jedoch nicht das Individuum, auch nicht die Summe der Individuen, sondern etwas, das unendlich darüber hinausgeht und gleichzeitig die Lebenswirklichkeit darstellt. (Hier ist zweifellos ein Ansatzpunkt zu einem Dialog zwischen Teilhard und dem Zen vorhanden.)

3. «Wir leben im Selbst, soweit wir nur schauen können» (Kosho Uchiyama Roshi). Letzten Endes sagt Zen: Das Selbst ist das All; dies ist weder eine wissenschaftliche Feststellung noch eine philosophische Gedankenstruktur oder eine Metaphysik im üblichen Wortgebrauch, sondern es ist

DAS SELBST IST DAS ALL

eine Erlebniswahrheit, die durch Versenkung, durch Zazen erreicht wird. Es ist, von der Wirklichkeit des Tages ausgehend, eine *Entgrenzung*. Dies mag verständlicher werden, wenn wir uns vor Augen halten, daß es im Zen heißt, man müsse erst sich selbst lieben, ehe man die andern lieben könne: Liebe zum Ich durch Befreiung davon und, darüber hinaus, Entgrenzung zur universalen Liebe in einem universalen Selbst: Du bist ich, ich bin du.

184

II. Zen-Literatur

Die Schwierigkeit, über Zen zu schreiben, liegt vor allem am Stoff selbst. Hier bewahrheitet sich, mehr als anderswo, die Erfahrung, die jeder Schriftsteller macht, der ein bestimmtes Sujet behandelt: Das Material wächst und erweitert sich unter der Hand. Je mehr man Zen studiert, desto mehr ist man versucht, das Thema durch neue Beiträge, Aussagen, Zeugnisse immer besser zu deuten. Man wird dabei gewahr, daß es sich hier nicht um einen genau begrenzten Stoff handelt, wie beispielsweise um eine bestimmte Philosophie, sondern um ein Ganzes in Bewegung, um ein Nichtvollendetes.

Der Schriftsteller des Westens sieht sich dabei außerdem vor der schwierigen Aufgabe, den Leser mit einem neuen Schema von Ausdruck, von Sprachgebrauch, mit einer für uns ungewohnten Logik vertraut zu machen. Diese Schwierigkeiten werden allzuoft in der Zen-Literatur durch den Gebrauch von nicht oder ungenügend erklärten Ausdrücken asiatischer Sprachen verschleiert: Pali, Sanskrit, Chinesisch oder Japanisch, aus denen die Zen-Terminologie kommt.

Das Haupthindernis zum Verständnis liegt jedoch darin, daß Zen weniger durch Aneignung von Kenntnissen als durch die Praxis erfahren werden kann.

Beim Studium der Zen-Literatur wird man gewahr, daß eine Anzahl von Autoren bei allem Wissen das Eigentliche nicht erfassen, da sie eben Außenstehende bleiben. Der Wert ihrer Arbeiten als historische Dokumentation bleibt dabei natürlich bestehen.

Hier soll keine erschöpfende Auskunft über Zen-Literatur gegeben werden, sondern einige praktische Anleitungen zur Orientierung des Lesers, der fragt: Wie kann ich mehr über Zen erfahren? Es handelt sich um eine *Auswahl* von Werken unter Angabe ihrer jeweiligen Orientierung und nicht um eine endgültige Bibliographie, die den Rahmen dieses Buches übersteigen würde.

D. T. Suzuki machte das Zen als erster im Westen bekannt. Ein Teil seiner zahlreichen Schriften, die heute noch als Standardwerke gelten, erschien in deutscher Übersetzung:

Zen und die Kultur Japans. (Stuttgart 1941.)

Die große Befreiung. (Konstanz 1947, Neuauflage Weilheim 1973.)

Erfülltes Leben aus Zen. (Weilheim 1974.)

D. T. Suzuki bleibt als Altmeister der Zen-Vermittlung unbestritten. Seine Werke sind jedoch vor allem solchen Lesern zugänglich, die bereits eine tiefere Kenntnis der Materie besitzen.

Eine bedeutende, leicht lesbare Einführung ins Zen stellt das Werk von A. W. Watts: *Vom Geist des Zen* (Basel/Stuttgart 1956) dar. Watts, erst 1973 gestorben, war Engländer und verlebte einen Teil seiner Jugend im Fernen Osten.

Im deutschen Sprachgebiet wurde Zen zunächst durch das in acht Sprachen übersetzte Büchlein Eugen Herrigels: *Zen in der Kunst des Bogenschießens* bekannt (jüngste Ausgabe: Weilheim 1973); ein äußerst bedeutendes Erlebnisbuch, ein Klassiker der Zen-Literatur. Aus dem Nachlaß Herrigels erschienen wertvolle Aufzeichnungen unter dem Titel: *Der Zen-Weg* (Weilheim 1958).

Eine sehr gedrängte, jedoch klare Darstellung des

Zen-Phänomens in Geschichte und Gegenwart bietet Ernst Benz: *Zen in westlicher Sicht* (Weilheim 1963), das auf keinen Fall vom interessierten Leser übergangen werden sollte.

Dem gegenüber steht Heinrich Dumoulins: *Zen, Geschichte und Gestalt* (Bern 1959). Eine, auf gründlicher Kenntnis beruhende Enzyklopädie des Themas. Der Autor ist Jesuitenpater, Professor an der Sophia-Universität in Tokyo wie sein Kollege H. M. Enomiya-Lassalle, der, seit vielen Jahren im Zen stehend, einige bedeutende Werke schrieb, in denen das Zen-Phänomen von katholischer Warte aus, jedoch mit Objektivität behandelt wird. Es seien genannt:

Zen, Weg zur Erleuchtung (Freiburg/Br. 1960), ein Handbuch zur Einführung in das Zen.

Zen-Buddhismus (Köln 1966); ein umfangreicher religionsgeschichtlicher Abriß, wertvoll auch durch die Vergleiche mit konvergierenden Strömungen und Erscheinungen, namentlich innerhalb des Christentums.

Zen unter Christen (Wien/Graz 1973), eine mutige Schrift zur Verteidigung des Zen gegen Angriffe aus christlichen Kreisen.

Einen umfassenden Einblick in das Wesen des Zen geben uns die Werke von Karlfried Graf Dürkheim: *Zen und wir* (Weilheim 1972) und *Hara – die Erdmitte des Menschen* (Weilheim 1956), die psychologischen Auseinandersetzungen eines wissenden Europäers mit dem Geist des Ostens.

Auf psychoanalytischer Grundlage versucht E. Fromm in *Zen-Buddhismus und Psychoanalyse* (Frankfurt 1972) Zen zu deuten, was jedoch problematisch ist. Schon

C. G. Jung hatte sich seinerzeit mit Zen beschäftigt und ein Vorwort zu Dr. Suzukis «Einführung in den Zen-Buddhismus» geschrieben. Jung neigt dazu, Zen als eine Psychotherapie zu interpretieren und es seiner religiösen Grundlage zu entkleiden. Es ist dies einer der typischen Fälle eines Außenstehenden, der zwar Zen intellektuell kennt, doch dabei das eigentliche Wesen des Zen nicht erfaßt.

Die bisher genannten Autoren haben vor allem die Rinzaiströmung des Zen bei ihrer Interpretation im Auge gehabt, während das Soto, von welchem dieses Buch ausgeht, im Westen lange so gut wie unbekannt blieb.

Erst Philip Kapleau hat in *Die drei Pfeiler des Zen* (letzte Ausgabe Weilheim 1973) das Soto-Zen, wenigstens teilweise, zu Wort kommen lassen. Kapleaus Buch ist auch dadurch bedeutend, daß hier dem Leser erstmalig Einblick in die eigentliche Praxis des Zen gegeben wird. Gespräche zwischen Meister und Schüler, Briefe und Tagebuchnotizen von Zen-Adepten sind wortgetreu wiedergegeben.

Dem deutschen Sprachraum hat sich Zen in den letzten Jahren vor allem durch die Übersetzung von zwei Büchern lebender Zen-Meister erschlossen: Kosho Uchiyama (Soto) *Weg zum Selbst – Zen-Wirklichkeit* (Weilheim 1973). Ich glaube, dies ist die bedeutendste Ansprache an den Menschen des Westens, die unserm Denken und Fühlen gerecht wird. Weiterhin: Zenkei Shibayama: (Rinzai) *Zen im Gleichnis und Bild* (München 1974). Hier spricht ein bekannter, ebenfalls dem Okzident gegenüber aufgeschlossener Zen-Meister in Worten, Gleichnissen und Dialogen von großer Schönheit.

Einen der jüngsten Versuche, Zen als für Christen nachvollziehbar zu zeigen, stellt William Johnstons, S.J., aus dem Amerikanischen übersetztes Werk *Der ruhende Punkt* dar; ein tiefschürfendes Buch, das allerdings einige wesentliche Fragen offenläßt. Hier noch eine wichtige Schrift:

Horst Rzepkowski SVD stellt uns in einem Sonderheft der *Mitteilungen der Evangelischen Zentralstelle für Weltanschauungsfragen* (Stuttgart) *Geschichte und Denken des Zen-Buddhismus* unter Einführung von kommentierten Texten in unparteiisch klarer Weise vor.

Die hier wiedergegebenen Angaben sind nur Bruchteil einer reichen Literatur, die weit von ihrem Abschluß entfernt ist. Es vergeht kaum ein Monat, in welchem nicht im Ausland oder im Inland eine neue Arbeit über Zen angekündigt wird. Was hier berücksichtigt wurde, sind vor allem Werke deutschsprachiger Autoren oder Übersetzungen ins Deutsche. Der sprachkundige Leser wird keine Mühe haben, Arbeiten über Zen, vor allem in England und den Vereinigten Staaten sowie (in englischer Sprache) in Japan, zu finden, einige davon auch in Frankreich.

Ich darf hier auch auf mein Zen-Erlebnisbuch: F. A. Viallet: Zen, l'autre Versant (Paris 1971; in 5 Sprachen erschienen) hinweisen; deutsch unter dem Titel: *Zen, Weg zum Andern* (Weilheim 1972).

III. Körperübungen
vor und nach dem Zazen

Von Hella Schmid-Neuhaus

Zazen verlangt eine hohe körperliche Sensibilität. Besitzt der Übende sie nicht, wird er sich in der genau vorgeschriebenen strengen Form des Sitzens oft verkrampfen.

Körperliche Fehlspannungen behindern den Atem und den inneren Fortschritt. Die folgenden Anregungen und Übungsvorschläge sollen das ungenaue leibliche Bewußtsein verbessern und Hilfen zur ebenso notwendigen Lockerung wie Straffheit geben.

1. Entspannung im Liegen. Sich in den Körper eintasten. Ausgestreckte Rückenlage, Arme neben dem Körper, Handflächen nach oben: zuerst den Körper insgesamt, in seiner ganzen Länge, am Boden liegen fühlen, «nichts wollen als liegen». Sich atmen lassen, durch die Nase, mit weich geschlossenen Lippen und dem Atem lauschen («es» atmet in mir). Dann mit dem Bewußtsein sich in den Körper eintasten, langsam fortschreitend, etwa in dieser Reihenfolge: «Ich fühle meine Zehen – Fußsohlen – Fersen – meine ganzen Füße in der Beziehung zum Boden; ich fühle meine Unterschenkel, wie meine Waden auf dem Boden aufliegen; ich fühle meine Kniekehlen, meine Knie ringsum, meine Oberschenkel, meine Hüften; ich fühle meine ganzen Beine – in Verbindung mit meinem Atem. – Ich behalte Beine und Atem im Bewußtsein und taste mich weiter in meinen Rücken ein, erspüre, wo der Rücken am Boden aufliegt und wo er ihn nicht berührt. Die nicht aufliegenden Stellen versuche ich, sanft in Richtung Boden sinken zu lassen.

Besondere Aufmerksamkeit wende ich dem Schultergürtel zu. (Die ausgestreckte Rückenlage läßt durch Schmerz Fehlspannungen im Nacken, in den Schultern und im Kreuz deutlich erkennen; bei Hohlkreuz kann man zunächst ein oder beide Knie hochstellen, dann berührt das Kreuz entspannt den Boden.) So fühle ich jetzt meinen ganzen Rücken und meine Beine – und lasse mich bewußt atmen. – Weiterhin ertaste und löse ich von den Schultern aus abwärts meine Arme bis in die Fingerspitzen, erspüre, wo und wie sie am Boden aufliegen. Ich fühle meine Handflächen weich, meine Finger halten nichts mehr fest. – Dann taste ich mich in den Nacken ein, fühle, ob mein Hinterkopf möglichst tief zum Nacken hin aufliegt und das Kinn nicht hochragt. (Auch in der Rückenlage soll das Kinn, wie beim Zazen, ein wenig zum Hals herangenommen sein!) Ich löse alle Spannungen im Gesicht, besonders in der Mund-Kiefer-Region. – Ich überlasse mich ganz der nun bewußt empfundenen atmenden Ruhe meines Gesichtes und meines Körpers.»

Diese sorgfältige Ruheübung, je nach Zeit 1–10 Minuten, nie plötzlich beenden, sondern allmählich durch Recken und Strecken, wie eine Katze nach dem Schlaf, zur Aktivität übergehen. Man kann auch gleich die nächste Übung anschließen:

2. Das Gähnen. In Rückenlage. Auch im Sitzen oder Stehen. Das Gähnen wird meist unterdrückt; oft schämt man sich eines plötzlich auftretenden Gähnzwanges. Man sollte es eher regelmäßig benutzen, ja sogar üben, als eine Befreiung von dem zu hoch angestiegenen Kohlenstoffgehalt im Körper, der müde macht: sich das Gähnen intensiv vorstellen, dazu den Mund weit öffnen, die Wölbung des Gaumens bis in den Schlund fühlen; man kann noch mit der Zungenspitze, gegen den Gaumen gedrückt, nachhelfen, bis das Gähnen hervorbricht. Sich ausgähnen, bis die Augen tränen, bis man es ganz unten im Becken, ja bis in den Fußsohlen spürt.

191

3. Lösen von Spannungen in Kopf, Gesicht, Nacken, Schultern und Rücken.

a) Aus gerade aufgerichteter Sitzhaltung, Fußsohlen aneinander gelegt, Knie breit (oder Schneidersitz), den Kopf sehr langsam nach vorn, zum Boden hin sinken lassen. Mit ruhig strömenden Ausatmungen, Einatmung nicht beeinflussen. Wichtig ist die Passivität des *Sinkenlassens!* Das Gewicht des Kopfes (mehrere kg!) zieht den Rücken immer weiter nach vorn, immer weiter herunter. Nicht den Kopf herunterdrücken, sondern seinem Gewicht nachhängen!

b) Ebenso erfrischend und wohltuend, je nach Körperveranlagung für manche leichter auszuführen, ist die «mohammedanische» Gebetshaltung: im Knien (Fersensitz, Gesäß auf den Fersen) die Stirn auf den Boden legen, Atembewegung im Rücken spüren, besonders an den verspannten, schmerzenden Stellen!

a und b) Nach langem, ausruhendem Verharren, tief geneigt, sich vom untersten Rückenwirbel aus aufrichten, zuletzt Schultern, Nacken, Kopf. Und gerade sitzen! Nicht die Stirn, sondern der Scheitelpunkt ist der höchste Punkt!

4. Ermunterungsatem. In Rückenlage, sitzend oder stehend. Um das Zwerchfell elastisch zu machen und hellwach zu werden: einige Atemzüge, nicht über 10, wie ein Hund, scharf und schnell, durch die Nase Luft einschnüffeln; ebenso lang andauernd die Luft in kurzen Atemstößen durch die Nase ausschnüffeln. Die Bauchdecke soll spürbar mitfedern, in schnellster Folge von Spannung und Lockerung.

*5. Vorübung zum vollen und halben Lotussitz (Kekka und Han-
ka).* Rückenlage, mit Körperbewußtsein, wie Nr. 1: dann
den rechten Fuß, Fußsohle nach oben, auf die linke Leiste
bzw. den linken Oberschenkel legen und das rechte Knie
zum Boden sinken lassen. Das Knie nicht gewaltsam hin-
unterdrücken, den ganzen Körper, vor allem das Kreuz,
locker lassen, ruhig atmen. Einige Minuten so liegen. Dasselbe mit dem linken Bein. Dann mit beiden Beinen. Regelmäßig durchgeführt, dehnt diese Übung die Muskeln und
erleichtert den halben oder vollen Lotussitz. Auch in Sitzhaltung zu üben, dabei auf gerade Haltung und ruhigen
Atem achten.

6. *Gegen Knieschmerzen nach dem Zazen* hilft ein intensives
Durchstrecken der Knie fast augenblicklich: im Sitzen den
einen oder auch beide Füße scharf abbeugen, so daß die
Wadenmuskulatur sich spannt und die Fersen sich vor
Spannung vom Boden abheben. Wenn möglich, den großen Zeh mit den Fingern fassen, langsam, aber kräftig das
Knie abwechselnd anbeugen und die Kniekehle wieder
ganz durchstrecken. Dasselbe kann man auch in Rückenlage und im Stehen (dann natürlich nur mit einem Bein)
üben. Dabei gut ausatmen!

7. *Passive Streckübung nach dem Zazen.* In Rückenlage das
Sitzpolster mitten unter den Rücken legen, so daß das auf
dem Polster ruhende Kreuz (bzw. der Leib darüber) der
höchste Teil des Körperbogens ist. Der Kopf und die
Schultern hängen nach hinten, die Arme hängen ausgebrei-
tet rechts und links neben dem Kopf ebenfalls herunter,
doch liegen nur Unterarme und Hände am Boden auf; von

den etwas gespreizt ausgestreckten Beinen berühren nur die Füße und Unterschenkel den Boden. In dieser ausgestreckt hängenden Lage über dem Polster kann man sich schnell aus etwaigen Verkrampfungen lösen und erfrischen. Nach der Übung zum Ausgleich im Sitzen oder Stehen den Rük-ken nach vorn beugen und Kopf und Rücken mit gutem Ausatmen kurze Zeit «aushängen» lassen.

8. Übung zur Geschmeidigkeit des Rückens. Ausgleich für die gerade Aufrichtung beim Zazen und gleichzeitig zur Kräf-tigung des Rückens: Vierfüßlerstand, Knie und Hände fest am Boden aufgestützt, etwa in Hüft- bzw. Schulterbreite auseinander; während der Übung bleibt die senkrechte Hal-tung der Oberschenkel unverändert, die auf die Hände ge-stützten Arme bleiben ebenfalls senkrecht und werden nicht in den Ellenbogen eingeknickt. Bei der Ausatmung den Rücken runden wie einen Katzenbuckel, Bauch zum Kreuz hin einziehen, Kopf senken, Kinn zum Brustbein. In dieser Haltung die Einatmung abwarten und mit ihr den Rücken erst strecken und dann bis ins Hohlkreuz biegen, dabei den Kopf heben. Die Notwendigkeit des Ausatmens abwarten, dann wieder Katzenbuckel. So einige Atemzüge hin und her. Danach kurz in Rückenlage ausruhen.

9. Umkehrübungen. Erholsam als Gegensatz zur aufgerichte-ten Haltung beim Zazen sind «Umkehrübungen», die man so nennt, weil bei ihnen der Kopf tiefer als die Hüften ist. Bei zu hohem Blutdruck sind diese Übungen allerdings nicht zu empfehlen.

a) In Rückenlage: Beine über den Kopf heben, Knie beu-gen und rechts und links neben dem Kopf zu Boden sinken

194

lassen, so daß man zwischen den Knien hindurch nach oben schauen kann. Hals, Schultern und Arme beim Üben auf Verspannungen überprüfen und locker lassen.

b) Rückenlage: Beine über den Kopf heben und nach hinten sinken lassen, bis bei gestreckten Knien die Zehen am Boden sind; wer zunächst den Boden nicht erreicht, sollte die Beine durch die Schwerkraft hängen lassen, nicht herunterdrücken.

c) Schulterstand (Kerze). Rückenlage. Die Beine so hoch strecken, daß man nur noch auf Hinterkopf, Nacken, Schultern und Oberarmen steht. Mit den Händen den Rücken abstützen, Kniekehlen strecken, Füße locker.

Zu a, b und c: Bei allen drei Übungen ruhig atmen, besonders gut ausatmen, Einatmung nicht beeinflussen. Nach jeder Übung sich mindestens ebenso lange in Rückenlage, wie Nr. 1, entspannen und ausruhen, wie man die Umkehrhaltung ausgeführt hat. Bewußt der Wirkung der Übung auf Atem und Körper nachspüren! Sich sensibilisieren!